- اندھیرے کی طاقت سے نجات

توسیع شدہ ایڈیشن 2025

یہ ایک افریقی کی سچی کہانی ہے - خدا کی زبردست طاقت کی طرف سے پیش کردہ سابق ڈائن - توسیع شدہ ایڈیشن 2025

اندھیرے کی طاقت سے نجات سیریز 1

کی طرف سے

O. O ایمانوئل اینی؛ زکریا گوڈسیگل ؛ سفیر پیر
gbe ;

Table of Contents

کتاب کے بارے میں – ڈیلیورڈ فرام دی پاور آف ڈارکنس – توسیع شدہ ایڈیشن 2025

بہت اہم — یہ ایک افریقی سابق چڑیل کی سچی کہانی ہے جسے خدا کی زبردست طاقت نے پہنچایا۔ یہ کتاب افسانہ نہیں ہے۔

Rev. Emmanuel Amos Eni کی سچی گواہی ہے ، ایک شخص جو کبھی جادو میں گہرا ملوث تھا، جسے یسوع مسیح کی بے مثال طاقت سے بچایا گیا تھا۔

جب تم جاتے ہو، تبلیغ کرو' ...آزادانہ طور پر تم نے حاصل کیا ہے، آزادانہ" طور پر دو۔ "'- میتھیو 10: 7-8
اپنے دوستوں کے گھر جاؤ اور انہیں بتاؤ کہ خداوند نے آپ کے لئے کتنا" کچھ کیا ہے اور اس نے آپ پر کتنا رحم کیا ہے۔ "- مرقس 5:19
- "اُنھوں نے برّہ کے خون اور اپنی گواہی کے لفظ سے اُس پر غالب آ گئے۔" مکاشفہ 12:11
مبارک ہیں وہ جو اُس کی شہادتوں پر عمل کرتے ہیں، جو اُسے پورے دل'' سے ڈھونڈتے ہیں۔ ''- زبور 119: 2
،تم میرے گواہ ہو، "خداوند فرماتا ہے، "اور میرا بندہ جسے میں نے چنا ہے" تاکہ تم جانو اور مجھ پر یقین کرو، اور سمجھو کہ میں وہی ہوں، مجھ سے پہلے کوئی خدا نہیں تھا، نہ میرے بعد ہو گا۔ "—یسعیاہ 43:10-12

توسیع شدہ ایڈیشن – بیداری جاری ہے۔ 2025

Rev. Emmanuel Amos Eni کی ڈرامائی نجات کے چار دہائیوں بعد، Delivered from the Power of Darkness نے دنیا بھر میں - افریقہ سے ایشیا تک، یورپ سے امریکہ تک بھیڑ کو بیدار کرنا جاری رکھا ہوا ہے۔ ،نوجوان اور بوڑھے قارئین نے اس کتاب کو پڑھنے کے بعد خدا سے ملاقاتوں خوابوں، خوابوں، اور تقدس کے لیے نئے جذبے کی گواہی دی ہے۔

اس 2025 کے توسیعی ایڈیشن کو دعا کے ساتھ اپ ڈیٹ کر دیا گیا ہے:

واضح اور سیاق و سباق 1.

کچھ قارئین نے اصل کہانی میں مذکور بعض مقامات اور واقعات کے بارے میں جغرافیائی اور تاریخی سوالات اٹھائے (جیسے بینڈل اور امو)۔
اس ایڈیشن میں، ہم نے ادارتی فوٹ نوٹ اور سیاق و سباق فراہم کرتے ہوئے ایمانوئل اینی کی مستند داستان کو احتیاط سے محفوظ کیا ہے — اس بات کو یقینی بناتے ہوئے کہ کہانی ایماندار رہے لیکن نائیجیریا کی تاریخی ریاستی حدود یا ثقافتی اصطلاحات سے ناواقف قارئین کی نئی نسلوں کے لیے قابل فہم رہے۔

روحانی بصیرت اور تفسیر شامل کریں۔ 2.

یہ ایڈیشن ان موضوعات پر گہری صحیفائی وضاحتوں کو ضم کرتا ہے جیسے:

- فرشتوں کا زوال اور برائی کی ابتدا
- سمندری اور خفیہ معاہدوں کے کام
- شیطان کی بادشاہی کا ڈھانچہ بمقابلہ خدا کی روشنی کی حکومت
- سلطنتوں اور مسیح میں مومنوں کے اختیار کے درمیان نادیدہ جنگ
- مومن کی نجات کا عمل — وحی، فتنہ، حملہ، اور بحالی

یہ اضافہ **کلام پاک** ، **عالمی نجات کی شہادتوں** ، اور **40 روزہ عقیدت فرام ڈارکنیس ٹو ڈومینین "سے لیا گیا ہے** از زکریا گوڈسیگل ، سفیر پیر او" اوگبی ، اور کمفرٹ لاڈی اوگبی - ایک ساتھی کام جس کا اس پورے حجم میں حوالہ دیا گیا ہے۔

حقیقی جدید مقابلوں کو شامل کریں۔ 3.

اس نئے ایڈیشن میں **"قارئین کے سوالات اور عالمی گفتگو "متعارف کرائے گئے ہیں** - دنیا بھر کے مومنین کے ساتھ حقیقی شاگردی مکالمے جنہوں نے ایمانوئل کی گواہی کو پڑھنے کے بعد، اسی طرح کی بیداری کا تجربہ کرنا شروع کیا۔
ان خصوصیات میں سے ایک قابل ذکر کہانی **بھائی کی ہے۔ فرانسسکو** ، ایک

اطالوی مومن جس نے کتاب کا سامنا کرنے اور غیب کی دنیا کے واضح انکشافات حاصل کرنے کے بعد خدا کی عقاب وزارتوں کو لکھا۔ اس کی خط و کتابت، جس میں مکمل طور پر شامل ہے، نمونہ پیش کرتا ہے کہ کس طرح روح القدس آج بھی عام ایمانداروں کو - دعا، صحیفہ، اور پیشن گوئی کی رہنمائی کے ذریعے شاگرد بناتا ہے۔

نجات اور کمیشننگ کی دعاؤں سے لیس کریں۔ .4

کلیدی حصوں کے اختتام پر، آپ کو **نجات کی دعائیں** ، **روزانہ کے اعلانات** اور ایک **آخری کمیشننگ دعا ملے گی** — جو قارئین کو قدم بہ قدم آزادی ، کی طرف لے جانے کے لیے ڈیزائن کی گئی ہے۔
یہاں ایک خاص **"اندھیرے سے جھکنے کی دعا "اور بیداری اور نجات کے دن کے سفر** کا ایک لنک بھی ہے، جو فتح کے لیے منظم راستے کی تلاش **40** میں ان لوگوں کے لیے فرام ڈارکنس ٹو ڈومینین کے ذریعے دستیاب ہے -

بحال کریں، تبدیل نہ کریں۔ .5

یہ ایڈیشن ایمانوئل اینی کی کہانی کے جوہر کو تبدیل **نہیں کرتا ہے۔** اس کی آواز اچھوتی ہے - اس کی گواہی اب بھی خام صداقت اور الہی طاقت کے ساتھ گرج رہی ہے۔
،تاہم، اضافی بصیرتیں اس کے تجربے کے گہرے معنی کو روشن کرتی ہیں جس سے یہ ظاہر ہوتا ہے کہ کس طرح وہی خدا جس نے اسے نجات دی آج بھی پوری قوموں میں دوسروں کو پہنچا رہا ہے۔

یہ اب کیوں اہمیت رکھتا ہے۔

ہم ایک ایسی نسل میں رہتے ہیں جہاں اندھیرا اب چھپا نہیں ہے - یہ خود کو مارکیٹ کرتا ہے۔ پھر بھی خدا اپنے گواہوں کو دوبارہ اٹھا رہا ہے، مردوں اور عورتوں کو دھوکے سے بادشاہی میں بلا رہا ہے۔
یہ کتاب زمانے کے لیے ایک پیشن گوئی کا صور بنی ہوئی ہے - جو چھپی ہوئی ،ہے اسے بے نقاب کرتی ہے، جو برداشت کی جاتی ہے اس کا مقابلہ کرتی ہے اور مومنوں کو سمجھداری اور فتح میں چلنے کی طاقت دیتی ہے۔

ہر وہ قاری جو ان صفحات کو پلٹتا ہے وہی بدلنے والے فضل کا تجربہ کرے جس نے ایمانوئل اینی کو بچایا — اور ان لوگوں کی عالمی کمپنی میں شامل ہو جائے جو **اندھیروں سے نجات دلائے اور اس کی شاندار روشنی میں بھیجے۔**

— "امن کا خدا جلد ہی شیطان کو تمہارے پیروں تلے کچل دے گا۔"
رومیوں 16:20

مصنف کے بارے میں

توسیع شدہ ایڈیشن – ادارتی بصیرت اور 2025)
(تشریحات کے ساتھ

میرا نام **ایمانوئل اینی ہے** — یہ میری زندگی پر خدا کی رحمت، فضل، اور لازوال محبت کی ایک حقیقی زندگی کی کہانی ہے۔

بائبل کہتی ہے، ''بچے کی تربیت کرو جس راستے پر اُسے جانا ہے، اور جب وہ بوڑھا ہو جائے گا تو اُس سے نہیں ہٹے گا ''(امثال 22: 6)۔

یہ خدا کے عظیم، حیرت انگیز اور پراسرار کاموں کی کہانی ہے، جو خداوند ،یسوع مسیح کے حکم کی تعمیل میں لکھی گئی ہے، جس نے مجھ سے کہا "جاؤ اور گواہی دو کہ میں نے تمہارے لیے کیا کیا ہے۔"

ایک اکثر بدقسمتی کو تقدیر کا ایک عمل سمجھتا ہے جسے تبدیل نہیں کیا جاسکتا۔ ایک حد تک یہ سچ ہے، لیکن خُدا کے بچے کے لیے، ہر زندگی الٰہی منصوبہ بند ہے (امثال 16: 9)۔ چاہے وہ منصوبہ پورا ہوتا ہے یا نہیں اس کا انحصار کئی چیزوں پر ہوتا ہے — خدا کے ساتھ شخص کی قربت، زندگی کے حتمی مقصد کے بارے میں ان کی سمجھ، اور وہ ماحول جو ان کی روحانی تشکیل کو تشکیل دیتا ہے۔

ہر زندگی کے راستے کو بیرونی طاقتوں کی طرف سے مسلسل چیلنج کیا جاتا ہے۔ بحران تب آتا ہے جب ہم اپنی **مرضی کے حوالے کر دیتے ہیں** — اچھائی کے لیے یا برائی کے لیے۔ خدا کی فرمانبرداری کی خواہش نوزائیدہ مومن کی سب سے بڑی طاقت ہے، جب کہ نافرمانی کی مرضی گنہگار کے ہاتھ میں سب سے زیادہ تباہ کن طاقت ہے۔

دنیا میں اکیلا رہ جانے والا بچہ جلد ہی دو طاقتوں میں سے ایک کی حکمرانی کرتا ہے: **اچھا یا برا ، روشنی یا اندھیرا ، خدا یا شیطان** ۔ ہر ذی روح کو انتخاب کرنا چاہیے کہ وہ کس آقا کی خدمت کرے۔ اسی لیے کلام پاک کہتا ہے، ''بچے کی تربیت اس راستے پر کرو جس طرح اسے چلنا چاہیے، اور جب ''وہ بڑا ہو جائے گا تو وہ اس سے نہیں ہٹے گا۔

آپ اتفاق کریں گے کہ بچے کے دل کی سب سے پیاری اور قریب ترین ہستی اس کی ماں ہوتی ہے۔ ایک یتیم، تاہم، جسمانی اور روحانی طور پر دوگنا کمزور ہوتا ہے۔ ایک ماں جسم اور روح دونوں کی حفاظت کرتی ہے۔ جب والدین دونوں کھو جاتے ہیں، اور خاص طور پر پراسرار حالات کے ذریعے، بچہ اندھیرے کے حملوں کا شکار ہو جاتا ہے۔

میری کہانی دو دہائیوں پہلے ایک چھوٹے سے گاؤں **امیری میں شروع ہوئی تھی۔ ایریگبو اوزو آئٹم** ، بینڈے لوکل گورنمنٹ میں واقع ہے **)اب ابیا اسٹیٹ کا حصہ ہے، لیکن اس کہانی کے وقت پہلے امو اسٹیٹ کے اندر تھا (**۔ میرے والدین امیروں میں سے نہیں تھے، پھر بھی میرے والد کو میرے دادا سے بیالیس ہیکٹر زمین وراثت میں ملی تھی - ایک ایسی نعمت جو ہمارے خاندان کی تاریخ کے سب سے گہرے سانحے میں بدل گئی۔

اس وراثت کی وجہ سے میرے والد کو قریبی رشتہ دار رشک کرتے تھے۔ تب میری سمجھ میں نہیں آیا لیکن حسد اور لالچ وہ دروازہ بن گیا جس سے شیطانی نفرت اور تباہی ہمارے گھر میں داخل ہو گئی۔ جو کچھ عام حسد کے طور پر شروع ہوا وہ جلد ہی عجیب و غریب واقعات میں بدل گیا جو میری زندگی کا رخ ہمیشہ کے لیے بدل دے گا۔

لگن

خُدا باپ، بیٹے اور روح القدس
کے جلال کے لیے— جو اندھیرے سے بچاتا ہے اور ہمیں اپنی شاندار روشنی میں بلاتا ہے۔

یہ گواہی سب سے پہلے **ہمارے خُداوند اور نجات دہندہ یسوع مسیح کے لیے وقف ہے** ،
خُدا کا برّہ جو دنیا کے گناہوں کو اُٹھا لیتا ہے، جس کی رحمت اندھیروں کی گہرائیوں تک پہنچی اور ایک بار کھوئی ہوئی لیکن اب مقصد کے ساتھ بھڑکتی ہوئی روح کو نجات دلائی۔

Rev. Emmanuel Amos Eni کے لیے ، جن کی تاریکی کے چھپے ہوئے کاموں کو ظاہر کرنے کی جرات نے
نسلوں کو روشن کیا ہے اور سچائی کی طاقت کے ذریعے اسیروں کو نجات دلانے کا سلسلہ جاری رکھے ہوئے ہے۔ آسمانی نظارے کے لیے آپ کی فرمانبرداری قوموں کے لیے امید اور انتباہ کی کرن ہے۔

ان تمام لوگوں کے لیے جو یسوع مسیح کی طاقت سے نجات پا چکے ہیں،
آپ کی آزادی زنجیروں میں جکڑے ہوئے دوسروں کے لیے گواہی بن جائے۔

دعا کرنے والے چرچ کے لیے—مسیح کی دلہن—
یہ اکاؤنٹ آپ کی پاکیزگی، چوکسی، اور ہمدردی کے لیے آگ کو دوبارہ جلائے۔

''کیونکہ ابن آدم کھوئے ہوئے کو ڈھونڈنے اور بچانے آیا ہے۔''
(لوقا 19:10)

اعترافات

:گہرے شکریہ کے ساتھ، ہم تسلیم کرتے ہیں اور عزت کرتے ہیں

- **Rev. Emmanuel Amos Eni** ، منتخب جہاز اور شیطانی فریب کی گہرائیوں سے نجات کا عینی شاہد۔ آپ کی گواہی ایک الہی صور بنی ہوئی ہے - ایمانداروں کو روحانی حقیقتوں سے بیدار کرتی ہے اور یسوع مسیح کی بالادستی کو بڑھا رہی ہے۔ آپ کی زندگی یہ ثابت کرتی رہتی ہے کہ کوئی بھی اندھیرا خدا کی رحمت سے زیادہ گہرا نہیں ہے۔
- ،**خُداوند یسوع مسیح** ، نجات کا مصنف، روحوں کا نجات دہندہ اور جلال کا ابدی بادشاہ — جس کی طاقت ہر زنجیر کو توڑ دیتی ہے، ہر زخم کو مندمل کرتی ہے، اور کھوئے ہوئے مقصد کو بحال کرتی ہے۔
- **روح القدس** ، سچائی کا ظہور کرنے والا اور نجات پانے والوں کو برقرار رکھنے والا — جو اخلاص کے ساتھ مسیح کی پیروی کرنے والے تمام لوگوں کو سزا دیتا ہے، طاقت دیتا ہے اور تسلی دیتا ہے۔
- ،**یسوع مسیح کے وفادار وزیر، سفارشی اور شاگرد** ، جو گھروں منبروں اور برادریوں میں سچائی اور جنگی دعا کی مشعل لے کر جاتے ہیں۔ راستبازی کے لیے آپ کا موقف تاریکی کی بادشاہی کو ہلا کر رکھ دیتا ہے۔
- **مسیح کا عالمی جسم** ، روحانی چوکسی، کھوئے ہوئے لوگوں کے لیے ہمدردی، اور زندگی اور نظریے میں پاکیزگی کے عزم کی اس گواہی سے بیدار ہوا۔
- پر God's Eagle Ministries (GEM) اور Otakada.org ، کی قیادت میں **O. Ogbe پبلشنگ اور بحالی ٹیم ، سفیر پیر** ایک—"Sed the Nations with God's Word جس کا مشن وقت میں ایک زندگی" یقینی بناتا ہے کہ اس گواہی کی روشنی زمین کے ہر کونے تک پہنچے۔
- **دنیا بھر میں شراکت دار اور حامی** ، جو دعا، دینے، اور حوصلہ ،افزائی کے ذریعے، سچائی اور امید کی ضرورت والی دنیا میں نجات شاگردی، اور تبدیلی کے پیغامات کو ممکن بناتے رہتے ہیں۔

آخر میں، تمام شکر گزاری **اس کی طرف لوٹتی ہے جو ابد تک حکمرانی کرتا ہے-**
الفا اور اومیگا، پہلا اور آخری، جس کے سامنے ہر گھٹنے جھکے گا اور ہر زبان اقرار کرے گی:
یسوع مسیح خداوند ہے-

’’اُس کے لیے جو ہم سے پیار کرتا ہے اور اپنے خون کے ذریعے ہمیں ہمارے گناہوں سے آزاد کر دیتا ہے،
اور اپنے خدا اور باپ کی خدمت کرنے کے لیے ہمیں ایک بادشاہی اور کاہن بناتا ہے —
اُس کی جلال اور طاقت ہمیشہ ہمیشہ کے لیے ہو- آمین-‘‘
(مکاشفہ 1:5-6)

- پبلیشر کے بارے میں - گاڈز ایگل منسٹریز
Otakada.org

"قوموں کا بیج لگانا، زندگیوں کو تبدیل کرنا۔"

کے نام سے Otakada.org **جسے — God's Eagle Ministries (GEM)** بھی جانا جاتا ہے — ایک روح کی زیر قیادت، بے سرحد مسیحی تحریک اور میڈیا پلیٹ فارم ہے جو خدا کے کلام کی لازوال سچائی کے ذریعے اقوام کو شفا، نجات، شاگردی، اور بحالی لانے کے لیے پرعزم ہے۔

ہم **دیواروں، سرحدوں، یا فرقوں کے بغیر ایک کلیسیا ہیں** ، جو یوحنا 17:21-23 میں یسوع کی پکار کا جواب دیتے ہیں - "تاکہ وہ سب ایک ہوں۔"

ہمارا وژن

ایک متحدہ مسیحی دنیا کی تعمیر کے لیے — جہاں مومنین روحانی اتحاد میں چلتے ہیں، سچائی سے بااختیار ہوتے ہیں، روح القدس کی رہنمائی کرتے ہیں، اور اطاعت پر مبنی شاگردی کے ذریعے تبدیل ہوتے ہیں۔

ہمارا مشن

"خُدا کے کلام کے ساتھ قوموں کو سیڈ کرنا - ایک وقت میں ایک زندگی۔"

یسوع کی GEM ،اندھیرے کی طاقت سے نجات "جیسی کتابوں کے ذریعے" روشنی کو تاریک جگھوں میں چمکا رہا ہے، جو بچانے، شفا دینے اور نجات دینے کی اس کی طاقت کو ظاہر کر رہا ہے۔
ہم یہ کرتے ہیں:

- **66 سے زیادہ ممالک** میں **عیسائی شاگردی اور نجات کے وسائل** کی اشاعت اور تقسیم
- Otakada.org پر **خودکار 40 روزہ شاگردی کے سفر** کی میزبانی کرنا
- **عالمی مشاورت، دعا، شفا، اور نجات کی** وزارتوں میں مشغول ہونا
- مسیح کے جسم کو اتحاد اور پختگی کے لیے لیس کرنے کے لیے **پانچ گنا وزارتی تحائف** کے ساتھ شراکت داری
- دنیا بھر میں **2 ملین سے زیادہ عیسائیوں پر مبنی مواد کی** تخلیق اور گردش کرنا

ہماری بنیادی اقدار

• دلیری •دیانت داری •عمدگی •بے خوفی •تخلیقی صلاحیت •رفتار صدقہ

ہمارا جذبہ

مسیح میں مکمل آزادی کا تجربہ کرنے میں مدد کرنے کے لیے پرجوش ہیں
روح، روح اور جسم۔ —
حقیقی زندگی کی شہادتوں جیسے کہ "تاریکی کی طاقت سے نجات "کے ذریعے
ہم صلیب کی فتح اور ہر قسم کی غلامی پر روح القدس کی تبدیلی کی طاقت کا اعلان کرتے ہیں۔

ہم کیا کرتے ہیں اس کے سات بنیادی تاثرات

1. **گرجا گھروں کو اتحاد کے پیغام کے ساتھ مشغولیت**: ہم مختلف فرقوں کے ساتھ مشغول ہوتے ہیں، انہیں ایک دوسرے کے ساتھ مشغول ہونے کی تاکید کرتے ہیں۔
2. **سالانہ دعا اور روزہ**: ہر سال، ہم **40 دن وقف کرتے ہیں (17 مارچ - 26 اپریل (اتحاد، حیات نو اور شاگردی کے** بنیادی موضوع کے ساتھ چرچ اور قیادت کے لیے شفاعت کرنے کے لیے ۔

3. **اشاعت :**ہم نے اپنی تصنیف کردہ **65 سے زیادہ شاگردی کی کتابیں اور** دیگر عیسائی مصنفین کے لیے **100 +عنوانات شائع کیے ہیں، جو 66 ممالک میں تقسیم کیے گئے ہیں** -
4. **عالمی مواد کی تقسیم :ہم نے** متنوع پانچ گنا وزارتی تحائف سے **2 ملین سے زیادہ مسیحی وسائل** تخلیق کیے ہیں، جمع کیے ہیں اور گردش کر رہے ہیں -
5. پر **Otakada.org :یسوع کے ساتھ خودکار 40 دن کی شاگردی** میزبانی کرنے والا ایک گائیڈڈ سفر ، جس تک دنیا بھر کے مومنین رسائی حاصل کرتے ہیں۔
6. **مشاورت اور بحالی :**ہم مسیحیوں کو عالمی سطح پر مشورہ دیتے ہیں)ویب +ذاتی طور پر (جیسا کہ خدا **شفا، نجات، اور بحالی — روح، روح اور جسم لاتا ہے** -
7. **پیشن گوئی کا عمل :**روح القدس کی قیادت میں، ہم **پیشن گوئی کے اعمال** اور رب کے لیے **علاقائی وقفوں کو انجام دیتے ہیں۔**

اتحاد کے بارے میں تھوڑا سا)بائبل کی وضاحت(

- **روح کا اتحاد)افسیوں 4:3 :(مومنوں کے درمیان** ایک موجودہ حقیقت — جو عاجزی، محبت، اور امن کے بندھن کے ذریعے رکھی گئی ہے۔ ہم اسے تخلیق نہیں کرتے؛ ہم اس کی **حفاظت کرتے ہیں** .
- **ایمان کا اتحاد)افسیوں 4:13 :(**ایک ترقی کا ہدف — جو کہ کلیسیا **کی اطاعت پر مبنی شاگردی** کے ذریعے **خدا کے بیٹے کے علم میں پختگی کے ساتھ حاصل کیا جاتا ہے** -

اس کا مطلب ہے کہ ہمارا اتحاد **رشتہ دار ہے)روح میں (**اور **تشکیلی)مسیح کی طرح کی پختگی میں (**— کبھی بھی محض یکسانیت نہیں، بلکہ فرقوں اور قوموں میں **یسوع میں یکجہتی ہے** -

ہماری عالمی رسائی

- **سفیر منڈے او اوگبے** اور جی ای ایم ٹیم کی **تصنیف کردہ 500** سے زیادہ کتابیں۔
- **ممالک** میں فعال موجودگی **66+**
- **آن لائن اور آف لائن 500,000 +لوگوں** کی ماہانہ رسائی

- بحالی، اتحاد اور بحالی کے لیے **سالانہ 40 روزہ عالمی دعا اور روزہ)17 مارچ - 26 اپریل(**

ہماری وزارت کے پلیٹ فارمز 🔗

- شاگردی، نجات، دعا، اور پیشن گوئی کی — Otakada.org وزارت
- کتابیں، ای کورسز، اور عیسائی ترقی — Shop.Otakada.org کے اوزار
- **:ایمیزون مصنف کے صفحات**
  - Zacharias Godseagle / سفیر پیر O. Ogbe - صفحہ 1 - https://www.amazon.com/stores/Zacharias-Godseagle/author/B0FCZ89D4K
  - صفحہ 2 – سفیر پیر O. Ogbe https://www.amazon.com/stores/author/B07MSBPFNX/allbooks
- **:یوٹیوب چینلز**
  - خدا کی عقاب وزارتیں)اہم(https://www.youtube.com/@godseagleministries – تعلیمات اور شہادتیں۔
  - (تازہ ترین) سفیر پیر O. Ogbe https://www.youtube.com/@AmbassadorMondayogbe – فلمیں اور عالمی بشارت

ہمارے ساتھ جڑیں۔

:ای میل ambassador@otakada.org
واٹس ایپ /فون :+1 804-778-2759)واٹس ایپ + | (1 302-492-2440 | +234-803-283-5348 (واٹس ایپ)
:بلاگ otakada.org/blog
شراکت دار یا دینا: یہاں کلک کریں۔

ہماری عالمی موجودگی

- **ایسٹ کوسٹ یو ایس اے** :3825 لنکاسٹر پائیک، ولیمنگٹن، ڈی ای
- ،**ایسٹ کوسٹ یو ایس اے** :4510 برکس پرومیس ڈرائیو، بووی میری لینڈ
- **ویسٹ کوسٹ USA:** 1985 Del Amo Blvd، Torrance، CA
- **مغربی افریقہ ہیڈکوارٹر** :8 صحابہ رہائش گاہ، لوگبے، ابوجا
- ،**مغربی افریقہ ہیڈکوارٹر** :14 اولالیر کلوز، آف ملینیئر کوارٹرز جوس نارتھ، جوس، پلیٹیو اسٹیٹ

پبلشر لیڈرشپ رابطہ

O. Ogbe ، تخلص - Zacharias Godseagle سفیر پیر

بانی، مصنف، اور سفر کرنے والا مبلغ
خدا کی عقاب وزارتیں - ایک چرچ بغیر دیواروں، سرحدوں یا فرقوں کے

آئیے ایک ساتھ مل کر جسم بنائیں، ٹوٹے ہوئے کو شفا دیں، اور کلیسیا کو"
"!متحد کریں - اس کی روح سے
!السلام علیکم

ایڈیٹر کا دیباچہ — 2025 بحال اور توسیع شدہ ایڈیشن

اور اُنہوں نے برّہ کے خون اور اُن کی گواہی کے لفظ سے اُس پر غالب آ'' گئے۔ ''— مکاشفہ 12:11

چار دہائیوں سے زیادہ پہلے، **ایمانوئل اینی نامی ایک عاجز آدمی کو** یسوع مسیح کی نہ رکنے والی رحمت نے تاریکی کی گہرائیوں سے چھین لیا تھا۔ اس کی کہانی - ایک بار سادہ خطوط پر چھپی تھی اور پورے افریقہ میں ہاتھ سے گزری تھی - اس کے بعد سے ہر براعظم تک پہنچ گئی ہے، دلوں کو بدلتی ہے، دھوکہ دہی کو بے نقاب کرتی ہے، اور چرچ کو مردوں کی روحوں کے لیے ان دیکھی جنگ کے لیے بیدار کرتی ہے۔

یہ **2025 بحال شدہ اور توسیع شدہ ایڈیشن** دوبارہ لکھنا نہیں ہے بلکہ دوبارہ روشنی ڈالنا ہے۔ جدید بھیس میں انہی قدیم طاقتوں کا سامنا کرنے والی نئی نسل کے لیے واضح، تصدیق شدہ سیاق و سباق اور صحیفائی گہرائی شامل کرتے ہوئے ہم نے ایمانوئل اینی کی آواز کی صداقت کو احتیاط سے محفوظ رکھا ہے۔

آج، اندھیرے نئے کپڑے پہنتے ہیں — ٹیکنالوجی، تفریح، خفیہ معاہدے، اور خود پرستی۔ پھر بھی لڑائی جوں کی توں ہے۔ یہاں جو شہادتیں اور عقیدتیں ،شامل کی گئی ہیں وہ ظاہر کرتی ہیں کہ یسوع نے جو کچھ ایک کے لیے کیا وہ اب بھی سب کے لیے کرتا ہے۔ نیویارک سے نیروبی تک، مزار سے اسکرین تک، اس کی روشنی اب بھی تاریکی کے ہر دائرے پر حملہ آور ہے۔

ہماری دعا ہے کہ جیسے جیسے آپ ان صفحات کو پڑھیں گے، خوف ایمان کو راستہ دے گا، کیونکہ ایمان اللہ کے کلام سے سننے اور سننے سے آتا ہے اور تجسس یقین کو راستہ دے گا۔ ہو سکتا ہے کہ آپ سنسنی خیزی سے آگے چھٹکارے میں دیکھیں — کہ یہ محض ایک آدمی کا اعتراف نہیں ہے، بلکہ ایک مہربان نجات دہندہ کا انکشاف ہے۔

اس ایڈیشن میں ایک **40 روزہ ڈیلیورینس سفر بھی شامل ہے** جو قارئین کو نہ صرف نجات کا مشاہدہ کرنے بلکہ ڈومینین میں چلنے میں مدد کرنے

کے لیے ڈیزائن کیا گیا ہے - گھروں، قوموں اور ڈیجیٹل جگہوں میں۔ ہر دن صحیفے، عکاسی، اور پیشن گوئی کی دعا کو ملا دیتا ہے، جس کا اختتام مومنین کے لیے ایک عالمی کال میں ہوتا ہے کہ وہ اپنی نسل کو گواہ اور نجات دہندہ کے طور پر اٹھائیں۔

آپ اس چیز کو شاگرد نہیں بنا سکتے جو آپ نے نہیں پہنچایا؛"
"آپ حکمرانی نہیں کر سکتے جہاں آپ ابھی بھی پابند ہیں۔

ہم آپ کو دُعا کے ساتھ، سمجھداری سے اور کھلے دل کے ساتھ پڑھنے کی دعوت دیتے ہیں۔
وہی خدا جس نے ایمانوئل اینی کو نجات دی آج بھی نجات دیتا ہے۔

اس ایڈیشن کی تدوین میں، میں نے خود مشاہدہ کیا ہے کہ یہ کتاب اب ،براعظموں کو کیسے پلتی ہے۔ پیغامات روزانہ آتے ہیں—اٹلی، جرمنی، کینیا امریکہ، نائجیریا، اور اس سے آگے — ہر ایک سوال، ایک خواب، یا نئی آزادی کی گواہی لے کر آتا ہے۔ مرد اور عورتیں جو کبھی غیب سے ڈرتے تھے اب دریافت کرتے ہیں کہ خدا کی طرف سے وحی آج بھی اس کی روح کے ذریعے بولتی ہے۔

کی عالمی شاگرد برادریوں کے اندر ایک جاری ڈائیلاگ پلیٹ فارم **GEM** بنایا ہے (اس جلد کے آخر میں درج ہے)۔ وہاں، قارئین اپنے تجربات شیئر کر سکتے ہیں، سوالات جمع کر سکتے ہیں، اور صحیفوں کا مطالعہ کر سکتے ہیں جو ایمانوئل اینی کی کہانی کو روشن کرتے ہیں—جیسا کہ اٹلی کے بھائی فرانسسکو نے کیا تھا۔ یہ بات چیت ہمیں یاد دلاتی ہے کہ کہانی ختم نہیں ،ہوئی ہے۔ یہ ضرب ہو رہا ہے. مزید تفصیلات بعنوان **"قارئین کے سوالات عالمی گفتگو، اور سکول آف ڈیلیورینس "میں تلاش کریں۔**

تاریکی کی طاقت سے نجات ایک کتاب اور تحریک دونوں بن گئی ہے — ایک عالمی کلاس روم جہاں روح القدس استاد ہے اور مسیح سبق ہے۔

سفیر پیر او .اوگبے —

بانی، **خدا کی عقاب وزارتیں)جی ای ایم(**

ایڈیٹر، اندھیرے کی طاقت سے نجات — بحال شدہ اور توسیع شدہ ایڈیشن (2025)

باب 1 - "نئی زندگی "کی طرف میرا فرار

توسیع شدہ ایڈیشن – ادارتی بصیرت اور 2025)
(تشریحات کے ساتھ

بچے کو جس راستے پر چلنا ہے اس کی تربیت کرو اور جب وہ بوڑھا ہو جائے’’ گا تو اس سے نہیں ہٹے گا‘‘ (امثال 22: 6)۔

- یہ خدا کے کاموں کی ایک کہانی ہے - زبردست، حیرت انگیز اور پراسرار یسوع مسیح کے حکم کی تعمیل کرتے ہوئے جو مجھے کہتے ہیں: "جاؤ اور "گواہی دو کہ میں نے تمہارے لیے کیا کیا ہے۔

ایڈیٹر کا نوٹ – 2025 اپڈیٹ :کتاب کا آغاز مسیح کی گواہی کی) دعوت کی براہ راست اطاعت کے ساتھ ہوتا ہے – مارک 5 :19۔ ہر (گواہی اندھیرے کے خلاف ایک ہتھیار ہے – مکاشفہ 12:11۔

ایک عام طور پر بدقسمتی کو قسمت کا عمل سمجھتا ہے اور یہ کہ ہم اپنی زندگی کے واقعات کو تبدیل کرنے کے لیے کچھ نہیں کر سکتے۔ ایک حد تک یہ سچ ہے۔ خُدا کے بچے کے معاملے میں، اُس کی زندگی کی منصوبہ بندی کی جاتی ہے (امثال 16: 9)۔ چاہے وہ منصوبہ پورا ہو یا نہ ہو اس کا انحصار بہت سے عوامل پر ہوتا ہے، فرد کی خدا سے قربت، زندگی کے حتمی مقصد کے بارے میں اس کا نظریہ، اور وہ سماجی و روحانی ماحول جسے وہ خود پاتا ہے۔

روحانی بصیرت :خدا کی حاکمیت انسانی ذمہ داری کو منسوخ نہیں) کرتی۔ اس کی مرضی کے ساتھ موافقت ہی ایک منصوبہ کو تقدیر میں (بدل دیتی ہے۔

آپ کی زندگی کے دورانیے کو کچھ بیرونی عوامل نے چیلنج کیا ہے۔ بحران اس وقت پہنچتا ہے جب آپ اپنی مرضی کو کسی نہ کسی طریقے سے، اچھے یا برے کے لیے دے دیتے ہیں۔ آپ محبت یا نفرت کر سکتے ہیں۔ آپ سمجھنا چاہتے ہیں یا غلط سمجھ سکتے ہیں۔ اطاعت کرنے کی مرضی ایک نئے پیدا

ہونے والے عیسائی کی سب سے بڑی طاقت ہے، جب کہ نافرمانی کی مرضی گنہگار کی سب سے زیادہ تباہ کرنے والی قوت ہے۔

ایک بچہ جب دنیا میں اکیلا رہ جاتا ہے تو اس پر دو طاقتوں میں سے کسی ایک کا کنٹرول ہوتا ہے: اچھا یا برا، صحیح یا غلط، خدا یا شیطان۔ ہر ایک کو زندگی کی ان دو قوتوں سے چیلنج کیا جاتا ہے، اور ہر ایک کو یہ انتخاب کرنا ہوگا کہ اسے کون سی زندگی گزارنی ہے۔ اور مجھے یقین ہے کہ بائبل یہی کہتی ہے: ''بچے کی تربیت کرو جس راستے پر اسے چلنا چاہیے اور جب وہ بڑا ہو جائے گا تو وہ اس سے پیچھے نہیں ہٹے گا۔'' آپ اتفاق کریں گے کہ کسی بھی بچے کے دل کی سب سے پیاری اور قریب ترین ہستی اس کی ماں ہوتی ہے۔ ایک یتیم ایک بدقسمت بچہ ہے اور والدین کے ساتھ بچوں کی نسبت شیطان کے حملوں کا زیادہ شکار ہوتا ہے۔ ماں جسم اور روح کی محافظ ہوتی ہے لیکن یہ دوہرا سانحہ بن جاتا ہے جب والدین دونوں کھو جاتے ہیں اور اس سے بھی زیادہ پراسرار حالات میں۔

ثقافتی سیاق و سباق :بہت سے افریقی دیہاتوں میں، یتیموں کو جادو) ٹونے کے الزامات یا روحانی حملے کے لیے خطرناک اہداف کے طور پر دیکھا (جاتا ہے کیونکہ ان کے پاس ڈھانپنے اور وراثت کے تحفظ کی کمی ہے۔

میری کہانی 22 سال پہلے **امیری نامی ایک چھوٹے سے گاؤں سے شروع ہوئی تھی۔ ایریگبو بینڈے لوکل گورنمنٹ اتھارٹی، امو اسٹیٹ** میں **اوزو آئٹم ۔** میرے والدین کو امیروں میں درجہ بندی نہیں کیا گیا تھا لیکن میرے والد کو میرے دادا سے 42 ہیکٹر اراضی وراثت میں ملی، یہ ایک ایسی نعمت ہے جو آج خاندان کی تاریخ میں ریکارڈ کی جانے والی سب سے بڑی بدقسمتی لے کر آئی ہے۔ میرے والد صاحب کو ان کے دور اور قریبی رشتوں کی وجہ سے بہت رشک آیا جن کی وجہ سے میں نہیں جانتا، شاید ان کی وسیع زمینی وراثت کی وجہ سے۔

جغرافیائی نوٹ :امو ریاست کو بعد میں تقسیم کر دیا گیا، جس نے) بینڈے کو موجودہ ابیا ریاست میں رکھا۔ یہ خطہ گھرے خاندانی ورثے اور زمینی دشمنیوں کے لیے جانا جاتا ہے جو بعض اوقات انتقامی انتقامی (کارروائیوں میں پھیل جاتی ہے۔

ہم ایک خوش کن خاندان تھے، میرے والدین نے ہم میں سے چار کو حاصل کیا: محبت، مارگریٹ، ایمانوئل اور چنیرے۔ پہلی دو بیٹیاں پیدا کرنے کے بعد، میرے والدین نے مجھے (اکلوتا بیٹا) اور بعد میں میری چھوٹی بہن چنیرے پیدا کرنے سے پہلے 14 سال انتظار کیا۔ اس سے خاندان کو حقیقی خوشی ملی لیکن یہ خوشی مختصر وقت کے لیے کیونکہ پہلا سانحہ پیش آیا۔ میری پیاری اور دیکھ بھال کرنے والی ماں کا انتقال ہو گیا۔ اس پر الزام لگایا گیا تھا کہ اس کی موت جادو ٹونے کی وجہ سے ہوئی تھی، اور چار سال بعد میرے والد کا دوبارہ انتقال ہو گیا، اس کے خلاف جوجو کے مبینہ کام کے ذریعے۔ دونوں والدین کی موت کے دو سال بعد میری سب سے بڑی بہن محبت پراسرار طور پر غائب ہو گئی اور میرے والدین کی دوسری بیٹی مارگریٹ ذہنی طور پر چلی گئی۔ یہ ایک عاجز اور بصورت دیگر خوش کن خاندان کی زندگی میں سانحات کا ایک سلسلہ تھا۔

روحانی عکاسی :نسلی حسد اور زمینی لعنتیں شیطانی حملے کے لیے عام) داخلے کے مقامات ہیں – جیمز 3 :16 "کیونکہ جہاں حسد اور خود ("غرضی ہوتی ہے، وہاں فساد اور ہر برے کام ہوتا ہے۔

میری چھوٹی بہن چنیرے اور مجھے ہمارے دادا دادی کے پاس بھیجا گیا تھا۔ وہیں میں نے اپنی ابتدائی تعلیم مکمل کی اور بعد میں آئٹم ہائی سکول میں تک پڑھا اور فیس وغیرہ کے لیے فنڈ نہ ہونے III داخل کرایا گیا۔ میں نے کلاس کی وجہ سے اسکول چھوڑ دیا، اس کے کچھ ہی عرصے بعد، میرے دادا دادی بھی فوت ہوگئے۔ تدفین کے ساتھ جانے والی تمام تقریبات کے بعد، ایک نامعلوم رشتہ دار نے میری چھوٹی بہن چنیرے کو اکٹھا کیا، اور آج تک میں اس کا ٹھکانہ نہیں جانتا۔ مجھے شدید بدسلوکی کی وجہ سے اپنے والد کے گھر واپس جانے پر مجبور کیا گیا، اور وہاں 13 سال کی عمر میں اکیلا رہنا پڑا۔ 13 سال کا بچہ اپنے باپ کے دشمنوں اور نتیجتاً اپنے ہی دشمنوں کے درمیان کیسے اپنا پیٹ پالتا ہے؟ میں کتنا خوفزدہ تھا! ایسا لگتا تھا کہ ان واقعات نے مجھے زندگی کی زندگی کے خاتمے تک پہنچا دیا ہے۔ کوئی تھا جو پرواہ کرتا تھا؟ کیا کوئی تھا جو "چھوٹے لڑکے کی بدقسمتی" کے بارے میں فکر مند تھا؟

نفسیاتی نوٹ :دشمنی کے تحت ابتدائی یتیم پن رد کرنے اور خوف کی) گہری روح پیدا کرتا ہے جس کا دشمن بعد میں تحفظ اور طاقت کی (جھوٹی پیشکشوں کے ذریعے استحصال کرتا ہے۔

ایک دن میں ایک دوست سے ملا جس کو میں اپنے ابتدائی اسکول کے دنوں میں جانتا تھا جس کا نام **چائنڈم تھا۔ اونوکوے** چائنڈم مجھ سے بہت پیار کرتا تھا اور یہ سب کچھ سن کر مجھے اپنے والدین کے پاس لے گیا جنہوں نے آسانی سے میرا استقبال کیا اور مجھے دوسرے بیٹے کے طور پر قبول کیا۔
زندگی پھر سے معمول پر آگئی۔ میری اچھی طرح دیکھ بھال کی گئی۔ میں پھر سے خوش ہوا: پھر مجھے معلوم ہوا کہ میری ماں جس خدا سے دعا کرتی تھی وہ زندہ تھی وہ کہیں زندہ تھی اس لیے اس نے مجھے نئے والدین مہیا کیے تھے، تو میں نے اپنے ذہن میں سوچا۔ میں نے تقریباً دو سال تک اس نیکی کا مزہ لیا اور پھر شیطان نے پھر وار کیا۔

چائنڈم اور اس کے والدین اموہیا جا رہے تھے اور ان کی کار ایک ٹپر سے ٹکرا گئی جس میں لیٹرائٹس لے جا رہے تھے۔ چنڈیم اور اس کے والدین موقع پر ہی جاں بحق! یہ خبر سن کر میں جھک گیا۔ میرے دکھ کا بہتر تصور کیا جا سکتا ہے۔ میں تدفین کی تقریب کے ذریعے زندہ رہنے میں کامیاب ہو گیا، کھانا پکانے والوں کو لکڑیاں فراہم کر رہا تھا اور کام چلاتا تھا: جس کے اختتام پر میں اپنے والد کے گھر واپس چلا گیا اور کھانا کھلانے کے قابل ہونے کے لیے معمولی ملازمتیں دوبارہ شروع کر دیں۔

(ایڈیٹر کی عکاسی :بار بار ہونے والے نقصان سے ایک صدمے کا لوپ پیدا ہوتا ہے جسے تاریک طاقتیں اکثر تلخی یا انتقام کی خواہش کے ذریعے ایک روح کو بھرتی کرنے کے لیے استعمال کرتی ہیں۔)

میں فارم پر، باغات میں عجیب و غریب کام کرتا رہا، بزرگوں کے ساتھ مچھلیاں پکڑنے جاتا رہا یہاں تک کہ ایک دن، میرے کمپاؤنڈ کے ایک آدمی نے مجھے اپنے فارم میں 50 ہزار میں کام پر رکھا۔ فارم میں اس نے مجھے کئی سوالات کا نشانہ بنایا۔ سب سے پہلے، اس نے مجھ سے کہا کہ میں اسے اپنے والد کی زمینیں دکھاؤں۔ دوسری بات یہ کہ ایسی زمینیں کسی آدمی کے حوالے کر دی جائیں، چاہے اس کا کتنا ہی قریبی تعلق ہو۔ دونوں صورتوں میں میں نے اعتراض کیا اور وہ ناراض ہوا۔ پھر اس نے مجھے جنگل میں مارنے کی قسم کھائی۔ میں ڈر گیا اور بھاگ کر مدد کے لیے چلایا۔ بدقسمتی سے، چونکہ علاقہ گھنے جنگل میں بہت دور تھا، کوئی نہیں آیا لیکن خدا کی طرف سے مدد آئی۔ اس نے اپنے چاقو سے میرا تعاقب کیا لیکن چھوٹا ہونے کی وجہ سے میں اس کے لیے بہت تیز تھا اور تقریباً 1.82 میٹر گہرے گڑھے میں گر گیا اور اس میں گھاس نے ڈھک گیا۔ اس نے مجھے ڈھونڈا اور تھوڑی دیر بعد ہار

مان لی۔ میں بعد میں گڑھے سے نکل کر دوسرے راستے سے گاؤں واپس آیا۔ میں نے احاطے میں موجود بزرگوں کو واقعے کی اطلاع دی لیکن کوئی کارروائی نہیں کی گئی - یتیموں کی عام حالت۔

تاریخی نوٹ :1970 کی دہائی میں 50 کوبو نائیجیریا ایک نائرا کا نصف تھا – جو آج دس امریکی سینٹ سے بھی کم ہے – اس دور کی غربت کے پیمانے کو ظاہر کرتا ہے۔)

اس واقعے نے میرے نوجوان دل میں حقیقی نفرت پیدا کردی۔ کسی نے مجھ سے پیار نہیں کیا، کسی نے پرواہ نہیں کی۔ میں نے اپنے ذہن میں سوچا کہ کوئی مجھے کیوں مارنا چاہے گا یہ جانتے ہوئے کہ میرے والدین نہیں ہیں۔ زندگی مصائب سے بھری ہوئی تھی۔ اب میں جانتا ہوں کہ خدا نے اپنی محبت میں شیطان کو مجھے خودکشی کا مشورہ دینے سے روکا تھا۔

میں نے چرچ کا رخ کیا اور اپنے گاؤں میں خدا کے چرچ کی اسمبلیوں کا مکمل رکن بن گیا (میں اب بھی ہوں) لیکن بدقسمتی سے جب کچھ ممبران کو میرے بارے میں علم تھا تب بھی کسی نے پرواہ نہیں کی۔ یہ نوٹ کرنا ضروری ہے کہ میں یسوع مسیح کو جانے بغیر کلیسیا کا مکمل رکن بن گیا۔ میں کبھی نہیں جانتا تھا کہ دوبارہ پیدا ہونے کا کیا مطلب ہے۔ اگر آپ کلیسیا آف یسوع مسیح میں ہیں اور اپنے آپ کو اس صورت حال میں پاتے ہیں جو میں نے خود کو پایا ہے، تو اپنی زندگی خُداوند یسوع مسیح کو دے دیں۔ صحیفہ کہتا ہے: ''اسے ہماری تمام فکریں اور پرواہیں کرنے دیں، کیونکہ وہ ہر وقت آپ کے بارے میں سوچتا ہے اور ہر اس چیز پر نظر رکھتا ہے جو آپ کے لیے فکر مند ہے'' (1 پطرس 5: 7 – نئے عہد نامہ میں زندہ رہنا)۔

عقائدی نوٹ :چرچ کی رکنیت نجات نہیں ہے۔ نجات مسیح میں ایمان کے ذریعے ایک ذاتی پنر جنم ہے – جان 3 :3-7۔)

ان تمام مشکلات اور مصائب کے درمیان ایلس نمودار ہوئی! ایلس ایک لڑکی تھی جسے میں اپنے ابتدائی اسکول کے دنوں میں جانتا تھا۔ وہ پانچ سال بڑی تھی اور اسی گاؤں کی تھی۔ ہم ایک ہی کلاس میں تھے، ایک ہی بینچ پر بیٹھے تھے اور بہت دوستانہ ہو گئے تھے۔ بچپن کے اس 'عشق' کے ساتھ، ہم نے بوڑھے ہونے پر 'شادی' کرنے کا وعدہ کیا تھا۔ مضحکہ خیز! 11 سال کا بچہ پھر ماں باپ کے بغیر، تعلیم نہیں، کھانے کو کھانا نہیں، پانچ سال کی اپنی

بڑی لڑکی سے شادی کا وعدہ! ایلس بعد میں اپنی ثانوی تعلیم کے لیے اکور چلی گئی اور مجھے درجنوں 'محبت' کے خطوط بھیجے۔

اگلی بار جب میں ایلس سے ملا تو میری عمر 15 سال تھی اور وہ 20 سال کی تھیں۔ اس نے اپنی سیکنڈری اسکول کی تعلیم مکمل کر لی تھی اور اسٹینڈرڈ بینک لاگوس (اب فرسٹ بینک) میں کام کر رہی تھی، جہاں اس کے والدین رہتے تھے۔

ایلس نے میرے پس منظر کو جان لیا اور میری حالت زار سے فائدہ اٹھایا۔ اس نے مجھے لاگوس میں اس کے ساتھ شامل ہونے کو کہا اور مجھے N50 (نائیرا: نائیجیریا کی قومی کرنسی) کے ساتھ اپنے گھر کا پتہ دیا! یہ 15 سال کے ایک نوجوان لڑکے کے لیے خوش قسمتی تھی جس نے کبھی بھی ایک دن میں N2 تک نہیں کمایا تھا! یہ آسمان سے منّا تھا اور اس کا مطلب یہ تھا کہ لاگوس ایک شاندار جگہ ہونا چاہیے جس میں بہت سارے پیسے اور زندگی کی اچھی چیزوں سے لطف اندوز ہو سکتے ہیں۔ پھر مجھے لاگوس جا کر اپنا پیسہ کمانا ہے اور دولت بھی حاصل کرنا ہے۔ میرے ذہن میں لاگوس جانا میرے فرار کا واحد راستہ تھا۔ میرے باپ کے دشمنوں سے بچو، میرے دشمنوں سے بچو، بھوک اور میری تمام پریشانیوں سے بچ جاؤ۔ فرار! فرار! جی ہاں، ان تمام برائیوں سے بچو!!!

ایڈیٹر کی عکاسی" :فرار "اس گواہی کے دوران ایک روحانی موضوع بن) جاتا ہے - درد سے بچنے کے لئے انسانیت کی پکار، صرف یہ جاننے کے لئے کہ مسیح کے بغیر آزادی گہری غلامی میں لے جاتی ہے۔ حقیقی فرار صرف (یسوع مسیح میں پایا جاتا ہے۔

باب 1 سے نجات کی کلیدیں۔

- آپ کی زندگی کے لیے خُدا کا منصوبہ المیہ کے باوجود بھی قائم رہتا ہے۔
- تلخی غلامی کا دروازہ کھول دیتی ہے۔ معافی آزادی کا دروازہ کھولتی ہے۔
- پنر جنم کے بغیر چرچ کی حاضری کوئی پردہ نہیں ڈالتی۔

- مسیح کے باہر ''فرار'' ہونے کی ہر کوشش دشمن کا جال بن جاتی ہے۔

عکاسی کی دعا

خُداوند یسوع، تیرا شکر ہے کہ مجھے تکلیف میں بھی کبھی نہیں چھوڑا۔ میں ہر پوشیدہ درد، ہر خوف، اور آپ کے بغیر فرار ہونے کی ہر کوشش کو ہتھیار ڈال دیتا ہوں۔ مجھے ہر نسلی لعنت سے نجات دے اور مجھے اپنے مقصد میں لے جائے۔ آمین۔

باب 2 - آغاز

(توسیع شدہ ایڈیشن - مختصر تشریحات 2025)

ایک راستہ ہے جو آدمی کو صحیح لگتا ہے ، لیکن اس کا انجام موت کے"
راستے ہیں۔ امثال 14:12
لیکن شریر اُس سمندر کی مانند ہیں، جب وہ آرام نہیں کر سکتا، جس کا پانی"
» کیچڑ اور مٹی ڈالتا ہے۔ میرا خدا شریروں سے کہتا ہے، کوئی امن نہیں ہے۔
یسعیاہ 20:57-21

**بصیرت :یہ آیات اس باب کو مرتب کرتی ہیں۔ جو مسیح کے باہر)
مدد "اور "آزادی "کی طرح نظر آتی ہے وہ غلامی اور بدامنی کی راہداری"
(ہے۔ جان 8:44؛ جان 10:10 دیکھیں۔**

اور یسوع مسیح کے باہر کی زندگی بالکل اسی طرح ہے جیسا کہ اوپر سے مسلح ہو کر N50 صحیفوں میں بیان کیا گیا ہے۔ میں نے اپنے گاؤں کو چھوڑا اور ایلس کی طرف سے مجھے دیا گیا خطاب، آزادی، آزادی، لطف اندوزی اور ان کے ساتھ جانے والی تمام چیزوں کی طرف فرار ہو گیا: لیکن جیسا کہ آپ بعد میں دیکھیں گے کہ یہ اس سے بہت دور تھا جس کا میں نے اپنے جوان دل میں تصور کیا تھا۔ جب میں لاگوس پہنچا تو یہ میری نظر میں بہت خوبصورت تھا اور میں نے اس کا موازنہ جنت سے کیا، جو بھی جنت جیسا ہے۔ میں نے وہ تمام اونچی اور خوبصورت عمارتیں دیکھی اور ہر ایک کے چہرے پر خوشی دیکھی گئی (سو میں نے سوچا)۔ لوگ بہت مصروف نظر آئے ہر ایک اپنے کاروبار کو ذہن میں رکھتے ہوئے ۔ میں پرجوش تھا اور !اپنے آپ سے کہا، "اب میں جانتا ہوں کہ میں آزاد ہوں

**تاریخی نوٹ :1970 کی دہائی کے اواخر میں، لاگوس — اس وقت)
نائیجیریا کا دارالحکومت — نے خوشحالی اور جدیدیت کا اندازہ لگایا
تھا۔ بہت سے دیہی نوجوان وہاں سے ہجرت کر گئے، جس سے یہ شہر
(گرجا گھروں اور خفیہ خفیہ معاشروں دونوں کے لیے ایک گرم مقام بنا۔**

میں اکنٹولا روڈ، وکٹوریہ جزیرے پر پہنچا اور ایلس اور اس کے والدین نے ان کا استقبال کیا۔ والدین مجھے اور میرے پس منظر کو جانتے تھے کیونکہ ہم ایک ہی گاؤں سے آئے تھے لیکن ان کی بیٹی کے ساتھ میرے تعلقات کے بارے

میں کبھی نہیں جانتے تھے۔ ایلس نے پھر مجھے ان سے ایک ایسے آدمی کے طور پر متعارف کرایا جس سے اس نے شادی کے لیے 'چن' لیا ہے۔ والدین حیران تھے لیکن اس سے کچھ بات چیت کے بعد اس شرط پر راضی ہو گئے کہ وہ میری تعلیم کو آگے بڑھائیں گے۔ ایلس نے ان کی پیشکش کو ٹھکرا دیا اور درخواست کی کہ مجھے اس کے ساتھ اس کے اپنے فلیٹ میں رہنے کی اجازت دی جائے۔ والدین اسے قبول نہ کر سکے لیکن اس نے اصرار کیا۔ ان کی چار دن تک سخت بحث ہوئی اور کچھ غیر واضح اثر و رسوخ کے تحت وہ راضی ہوگئے اور میں ایلس کے ساتھ چلا گیا۔

تفصیل کا اشارہ :ہیرا پھیری کا دباؤ " +غیر واضح اثر "روحانی کنٹرول) (کے کلاسک اشارے ہیں۔ دیکھیں گلتیوں 3:1؛ 2 کرنتھیوں 11:3۔

ایلس، ایک بہت ہی خوبصورت لڑکی نے مجھے بتایا کہ وہ اسٹینڈرڈ بینک میں اکاؤنٹنٹ ہے اور وہ مجھے امیر بنائے گی اور مجھے وہ سب کچھ دے گی. جس کی مجھے اس زندگی میں ضرورت ہے اور کہا: "بس آباد ہو جاؤ اور لطف اندوز ہو جاؤ!" لاگوس کے بارے میں میرا پہلا تاثر سب کے بعد سچ تھا۔ چند مہینے پہلے میں نفرت، فاقہ کشی اور مصائب میں گھرے ایک چھوٹے سے گاؤں میں ایک چھوٹی سی جھونپڑی میں تھا اور میں یہاں، ایک بڑے شہر میں، ایک خوبصورت 'بیوی' کے ساتھ ایک اچھی طرح سے آراستہ فلیٹ میں رہتا ہوں جس نے مجھے وہ سب کچھ دینے کا وعدہ کیا تھا جو زندگی دے سکتی ہے۔ اس نے مجھ پر تحائف، پیسہ، لباس، 'محبت' وغیرہ کی بارش کی۔ میں کبھی نہیں جانتا تھا کہ دنیا ان 'اچھی چیزوں' سے بھری ہوئی ہے ۔ شیطان درحقیقت دھوکہ باز ہے! صحیفہ صحیح طور پر کہتا ہے: "چور چوری کرنے، قتل کرنے اور تباہ کرنے کے لیے نہیں آتا۔ صرف ابنِ "آدم (یسوع مسیح) ہی زندگی دے سکتا ہے اور اسے بہت زیادہ دے سکتا ہے !(یوحنا 10:10)۔ پیارے قارئین، شیطان کے پاس کوئی مفت تحفہ نہیں ہے جو کچھ بھی وہ آپ کو دیتا ہے وہ آپ کی روح کے بدلے ہے۔ یہ جوش و خروش کی کیفیت قلیل مدتی تھی کیونکہ تین ماہ کے بعد عجیب و غریب چیزیں ہونے لگیں۔

روحانی قانون :شیطان کے "تحفے "قرض)غلامی (پیدا کرتے ہیں۔ یسوع کا) (تحفہ آزادی)فضل (پیدا کرتا ہے۔ رومیوں 6:23؛ افسیوں 2:8-9۔

پراسرار تجربات

ایک رات، میں رات کے آخری پہر میں بیدار ہوا اور اپنے پاس ایک بوا ،کنسٹریکٹر پایا۔ میں چیخنا چاہتا تھا لیکن نہیں کر سکا۔ کچھ راتوں میں میں جاگ کر ایلس کے جسم کو سیلفین بیگ کی طرح شفاف دیکھتا۔ کچھ راتوں کو وہ غائب ہو جاتی اور دوبارہ نمودار ہو جاتی۔ کچھ راتوں میں مجھے کمرے میں عجیب و غریب آوازیں یا ناچنے کی آوازیں آتی تھیں وغیرہ۔ میں ان خوفناک واقعات کو مزید برداشت نہیں کر سکتا تھا اس لیے میں نے اس سے پوچھنے کا فیصلہ کیا، اور پہلا ردعمل تشدد اور سنگین تنبیہ تھا۔ اس نے کہا: "مجھ سے یہ سوال دوبارہ مت پوچھو ورنہ میں تم سے معاملہ کروں گی۔"

مظاہر :فالج، شکل بدلنے والے وہم، اور پولٹرجیسٹ سرگرمی شیطانی جبر) (میں عام ہیں۔ لوقا 33:4-36؛ مرقس 17:9-27۔

تب سے میں جانتا تھا کہ میری جان کو خطرہ ہے۔ اس کے بعد میں نے گاؤں کے مصائب کو ترجیح دی جو میں دریافت کرنے آیا ہوں۔ میں اس سے ڈرنے لگا۔ دو دن گزر گئے اور وہ مسکراہٹ، تحائف لے کر آئی اور مجھے گلے لگا لیا۔ اس نے مجھے بتایا کہ وہ مجھ سے کتنا پیار کرتی ہے اور اس کی دیکھ بھال کرتی ہے اور مجھے خوفزدہ نہ ہونے کی ترغیب دی اور وعدہ کیا کہ وہ مجھے بعد میں چیزوں کی وضاحت کرے گی۔ وہ مجھے ایک نائٹ کلب میں لے گئی اور وہاں مجھے امیر وغیرہ بنانے کا اپنا وعدہ یاد دلایا، اور مجھ سے کہا: "ایک دن تمہیں وہ سب معلوم ہو جائے گا جو میں جانتا ہوں!" ہم واپس آئے اور ہمارے درمیان زندگی معمول کے مطابق چلتی رہی۔ اندرونی طور پر میں جانتا تھا کہ میں خطرے میں ہوں، لیکن میں کیسے بچ سکتا ہوں اور میں کہاں بھاگوں گا؟ یہاں یہ بتانا ضروری ہے کہ ایلس کے والدین کو یہ معلوم نہیں تھا کہ ان کی بیٹی اگرچہ جوان ہے، جادو اور روحانیت میں سنجیدگی سے ملوث ہے اور انہوں نے مجھے سنجیدگی سے متنبہ کیا کہ اگر میں اپنی زندگی سے پیار کرتا ہوں تو انہیں کبھی نہ بتانا۔ پیارے قارئین، کیا آپ سوچ سکتے ہیں، ایک 20 سالہ لڑکی یہ سب کچھ کر رہی ہے؟ باہر کی دنیا نے اسے ایک بہت ہی خوبصورت اور بے ضرر لڑکی کے طور پر دیکھا جو ایک بڑے بینک میں کام کرتی تھی لیکن وہ شیطان کی ایجنٹ تھی۔ آج دنیا میں بہت ساری ایلیسز ہیں جیسا کہ آپ کو اس کتاب میں بعد میں پتہ چل جائے گا۔

خاندانوں کے لیے انتباہ :رازداری +دہشت گردی کے خطرات ")بتائیں) ورنہ ("سرخ جھنڈے ہیں۔ والدین/سرپرست - روحانی اور عملی طور پر (چوکس رہیں۔ 1 پیٹر 5:8۔

ایک ہولناک دریافت

ایک دن، جب وہ کام پر روانہ ہوئی، میں نے فلیٹ کی تلاشی لینے کا فیصلہ کیا۔ وہ جتنی جوان تھی، فلیٹ اچھی طرح سے آراستہ تھا۔ اس کے پاس چار فریج تھے اور ایک کھولتے ہی میں نے انسانی کھوپڑی دیکھی، انسانی جسم کے مختلف حصے تازہ اور خشک تھے۔ چھت کے اندر کنکال تھے۔ ایک کمرے کے ایک اور کونے میں میں نے دیکھا (جسے بعد میں میں 'چیمبر' کے نام سے ،جانا گیا) پانی سے بھرا ہوا برتن اور برتن کے بیچ میں ایک چھوٹا سا درخت ایک کالاباش اور اس کے پاس ایک سرخ کپڑا تھا۔ میں جاری نہیں رکھ سکا۔ اب میں جانتا تھا کہ میں ایک مردہ آدمی ہوں اور چونکہ میرے پاس بھاگنے کی کوئی جگہ نہیں تھی۔ میں نے اپنی زندگی جو بھی آئے، زندگی یا موت کے حوالے کر دی اور ہونٹوں پر مہر لگا رکھی ہے۔ ایلس کام سے واپس آئی اور جس طرح سے اس نے مجھے دیکھا، میں جانتا تھا کہ اس کے دفتر میں وہ جانتی تھی کہ میں گھر میں کیا کرتا ہوں۔

/ خفیہ ٹیکنالوجی" :زندہ درخت کے ساتھ خون کا برتن = "کھانا کھلانے) تجدید عہد کے لیے قربان گاہ۔ کالاباش/سرخ کپڑا =رسمی برتن/مہر۔ (حزقیل 8؛ زبور 16:4۔

جادو کی دنیا کے ساتھ ملاقات

اگلے دن اس نے مجھ سے ایک میٹنگ میں اس کی پیروی کرنے کی درخواست کی۔ میں پہلے ہی اسیر تھا اور کوئی چارہ نہیں تھا۔ ہم لاگوس کے مضافات میں ایک بہت بڑی عمارت میں گئے۔ پہنچنے پر (عمارت میں زیر زمین کانفرنس ہال تھا)، مجھے ایلس نے پیچھے کی طرف داخل ہونے کی ہدایت کی۔ میں نے کہا اور اپنی پیٹھ کے ساتھ اندر داخل ہوا، اس نے بھی ایسا ہی کیا۔ ہال اتنا بڑا تھا کہ تقریباً 500 نوجوان مرد اور خواتین ایک دائرے میں بیٹھے ہوئے تھے، اور ان کے اوپر ایک آدمی بیٹھا تھا جس کا سر صرف دیکھا جا سکتا تھا اور جسم کے بغیر، قائد کے طور پر۔ ان نوجوانوں میں سے کچھ طالب علم، انڈر گریجویٹ، گریجویٹ، اساتذہ وغیرہ تھے۔ ایلس نے دیوار پر ایک بٹن دبایا اور زمین سے ایک سیٹ نکلی اور میں بیٹھ گیا۔ اس نے بھی ایسا ہی کیا اور دوسرا اس کے لیے باہر آیا اور وہ بیٹھ گئی۔ اس نے مجھے کلیسیا میں

ایک نئے رکن کے طور پر متعارف کرایا اور انہوں نے تالیاں بجا کر میرا استقبال کیا۔ اس کے نتیجے میں ایلس کو ترقی دی گئی۔ انہوں نے ملاقات میں جو بات کی وہ مجھے کبھی سمجھ نہیں آئی۔ اس کے اختتام پر اور جب ہم جانے ہی والے تھے، مجھے اگلے دن لیڈر نے اکیلے واپس آنے کو کہا۔ جادو کی دنیا سے یہ میری پہلی ملاقات تھی۔

نوٹ :پسماندہ اندراج الٹ کی نقل کرتا ہے - خدائی حکم کے جان بوجھ (کر الٹ جانا۔ یسعیاہ 5:20؛ 2 تھیسلونیکیوں 2:9-10۔)

اسی رات، صبح 2.00 بجے (اور یہ تاریکی کی تمام قوتوں اور ان کے ایجنٹوں کی ملاقاتوں اور خطرناک کارروائیوں کا معمول ہے)، ایلس نے مجھے جگایا اور مجھ پر کچھ باتیں ظاہر کیں۔ اس نے کہا: "میں کوئی عام انسان نہیں ہوں۔ میں آدھا انسان اور آدھی روح ہوں لیکن بنیادی طور پر روح کی ہوں۔
آپ میرے حجرے میں جو کچھ دیکھتے ہیں وہ میں ہر صبح نماز کے دوران استعمال کرتی ہوں، تاکہ روحیں دن بھر میری رہنمائی کریں۔ جہاں تک "کنکال کے بارے میں میں آپ کو بعد میں بتاؤں گی۔

وقت :12 سے 3 بجے تک اکثر جادو کی سرگرمیوں کا نشانہ بنایا جاتا ہے۔) مومنین چوکس دعا کے ساتھ مقابلہ کرتے ہیں۔ لوقا 6:12؛ اعمال (16:25۔

میں نے کبھی ایک لفظ نہیں کہا۔ اس نے میرے پڑھنے کے لیے دنیا کے اسرار پر کچھ کتابیں نکالیں، اور میں نے اپنے متجسس ذہن کے ساتھ انہیں پڑھنے کا فیصلہ کیا۔ تھوڑی ہی دیر میں مجھے دلچسپی ہو گئی اور فوراً اس نے دیکھا کہ اب میں دلچسپی لے رہا ہوں۔ مجھ سے ناواقف، اس نے میرا نام
ہندوستان کی ایک خفیہ سوسائٹی کو بھیج دیا۔ جیسا کہ پہلے ہدایت کی گئی تھی، اگلے دن میں اکیلا ہی سوسائٹی میں واپس گیا اور وہاں نو دیگر اور کچھ گواہوں سے ملاقات کی۔ ہمیں شروع کیا جانا تھا۔ ہمیں ہال کے بیچ میں بلایا گیا اور ہمیں درج ذیل چیزیں دی گئیں۔

1. ہمارے جسموں پر پٹین کی طرح نظر آنے والی ایک ترکیب رگڑ دی گئی تھی۔ یہ آپ کو ایک مکمل رکن کے طور پر اہل بناتا ہے۔

2. .تیل کی طرح مائع کا ایک گلاس شاٹ ہمیں پینے کے لئے دیا گیا تھا یہ آپ کو ایجنٹ بننے کا اہل بناتا ہے۔
3. ہمارے سروں پر بارود جیسا مادہ رگڑا گیا۔ یہ آپ کو ان کے اسرار کا مطالعہ کرنے کا اہل بناتا ہے۔

مجھ سے بھی ناواقف ہے، یہ تقریب ہندوستان میں ریکارڈ کی جا رہی تھی اور اگلے دن مجھے ان کا خط موصول ہوا۔ خط میں مجھے ہدایت کی گئی تھی کہ اس خط کو اپنے خون سے داغ دوں اور اسے پوسٹ آفس کے نہیں بلکہ ان کے بیان کردہ ذرائع سے واپس بھیج دوں۔ میں نے کیا۔ اس مقام سے، واپسی کا کوئی راستہ نہیں تھا۔ پیچھے ہٹنے کا مطلب موت ہے جیسا کہ کسی کو ہمیشہ یاد دلایا جاتا تھا اور میں جانتا تھا کہ میرے لیے مزید کوئی امید نہیں ہے۔

(روحانی قانون :خون سے دستخط شدہ دستاویزات روح میں قانونی دعووں کے طور پر کام کرتی ہیں۔ صرف یسوع کا خون ہی ایسے دعووں کو منسوخ کرتا ہے۔ کلسیوں 2:14-15؛ عبرانیوں 9:14۔)

ایلس کے ساتھ عہد

ایک صبح سویرے، اس نے مجھے بتایا کہ گھر میں ایک اہم تقریب ہونا ہے۔ صبح 2.00 بجے وہ ایک رینگتے بچے، ایک لڑکی کو زندہ لے آئی۔ میری آنکھوں کے سامنے، ایلس نے اپنی انگلیاں استعمال کیں اور بچے کی آنکھیں نکال دیں۔ اس بچے کے رونے سے میرا دل ٹوٹ گیا۔ اس کے بعد اس نے بچے کو ٹکڑوں میں ذبح کیا اور خون اور گوشت دونوں کو ایک ٹرے میں ڈالا اور مجھے کھانے کو کہا۔ میں نے انکار کر دیا۔ اس نے سیدھی میری طرف دیکھا اور اس کی آنکھوں سے جو نکلا اسے تحریر میں بیان نہیں کیا جا سکتا۔ اس سے پہلے کہ میں جانتا کہ کیا ہو رہا ہے، میں نہ صرف گوشت چبا رہا تھا بلکہ خون بھی چاٹ رہا تھا۔ جب یہ ہو رہا تھا تو اس نے کہا: "یہ ہمارے درمیان ایک عہد ہے، آپ کبھی بھی مجھے کچھ کرتے ہوئے یا روئے زمین کے کسی انسان سے میرے بارے میں کچھ نہیں کہیں گے۔ یعنی جس دن میں اس عہد کو توڑوں گا مجھے قتل کر دیا جائے گا۔

(پیسٹورل کیئر :یہ اقتباس تکلیف دہ ہے۔ اگر آپ پڑھ رہے ہیں اور صدمہ یا غم محسوس کر رہے ہیں، توقف کریں اور زبور 91؛ فلپیوں 4:7۔ صدمے سے مسیح کی سلامتی حاصل ہوتی ہے۔)

اس واقعے کے بعد میرے اندر عجیب سے احساسات پیدا ہونے لگے۔ میں بدل گیا تھا اور اب خود پر قابو نہیں رکھ سکتا تھا۔ ماؤں کے لیے تنبیھہ کلام۔ کیا آپ جانتے ہیں کہ آپ کا گھر مدد کرتا ہے؟ اس کا پس منظر کیسا ہے؟ کیا آپ اپنے بچوں وغیرہ کی زندگیاں اس کے سپرد کرنے سے پہلے اس کے بارے میں سب کچھ معلوم کرنا چاہتے ہیں؟ ایلس کو وہ چھوٹا بچہ کیسے ملا جسے اس نے ذبح کیا تھا، آپ پوچھ سکتے ہیں۔ لہذا والدین، آپ کے گھر کا پس منظر جانیں مدد ملتی ہے.

چرواہی نوٹ :جانوروں کی دیکھ بھال کرنے والے؛ جوابدہی برقرار (رکھیں؛ روزانہ اپنے گھر پر دعا کریں۔ ایوب 1:5؛ زبور 127:1۔

جب ایلس نے دیکھا کہ وہ مجھے مکمل طور پر روحانیت میں شامل کرنے میں کامیاب ہو گئی ہے اور اس میں تیزی سے ترقی کر رہی ہے، تو وہ مطمئن ،تھی کہ اس کا مشن پورا ہو گیا ہے۔ اس نے میرے لیے ایک فلیٹ ڈھونڈا اس میں مدد کی اور اس کے بعد رشتہ توڑ دیا۔

حکمت عملی :ایک بار جب غلامی محفوظ ہو جاتی ہے، ہینڈلرز اکثر (بھرتی کو "رہائی "کرتے ہیں تاکہ کھیں اور اثر و رسوخ کو گھرا کر سکیں۔

ہندوستان میں عھد

دہلی، ہندوستان میں سوسائٹی نے مجھے دوسرا خط بھیجا جس میں مجھ سے ہندوستان آنے کو کہا گیا۔ اس میں مجھے مندرجہ ذیل کام کرنے کی ہدایت بھی کی گئی تھی: "ملاحظہ کھاؤ، بوسیدہ بدبودار چوہوں کو کھاؤ، اور رات کو قبرستان میں روحوں کے ساتھ ہمبستری کرنا۔" مذکورہ بالا باتوں کو پورا کرنے کے بعد میں زمین پر کسی بھی عورت سے ہمبستری کرنے کا پابند نہیں تھا۔ میں نے ان کے خط کا جواب بھیجا جس میں انہیں بتایا گیا کہ میرے پاس ویزا نہیں ہے اور نہ ہی مجھے معلوم ہے کہ ہندوستان کیسے جانا ہے۔ اس وقت میں نے 'بزنس' کرنا شروع کر دیا تھا۔ میں ایک سنجیدہ اسمگلر تھا لیکن ان طاقتوں کی وجہ سے مجھے کسٹم وغیرہ سے کوئی پریشانی نہیں ہوئی۔

انحطاطی رسومات :شیطانی عھد اکثر انسان میں خُدا کی شبیہ کو) خراب کرنے اور فطری محبتوں کو منقطع کرنے کے لیے گستاخانہ کاموں (کا تقاضا کرتے ہیں۔ رومیوں 1:24-28۔

میرے پاس بہت پیسہ ہونا شروع ہو گیا، خوراک اور سامان کی کمی نہیں رہی۔ ایک دن، میں اپنے فلیٹ کو تالا لگا کر باہر چلا گیا۔ واپس آکر میں نے دروازہ کھولا تو دیکھا کہ ایک آدمی پارلر میں بیٹھا ہے۔ میں ڈر گیا. اس نے :کہا: کیا تم ایمانوئل آموس نہیں ہو؟ میں نے کہا میں ہوں۔ اس نے کہا مجھے بھیجا گیا ہے کہ آکر تمہیں ہندوستان لے جاؤں، اس لیے تیار ہو جاؤ۔ میں نے ہر جگہ تالا لگایا، جا کر اگلے آرڈر کے لیے تیار کشن پر اس کے پاس بیٹھ گیا۔ لیکن بجلی کی طرح، اس نے مجھے چھوا اور ہم غائب ہو گئے۔ اگلی جگہ جہاں میں نے خود کو دیکھا وہ دہلی، انڈیا کے ایک بڑے کانفرنس ہال میں تھا، جہاں ایک بڑی جماعت پہلے سے ہی بیٹھی ہوئی تھی اور ہمارے استقبال کے لیے انتظار کر رہی تھی۔ انہوں نے وہ فائلیں نکالیں جہاں میرا نام پہلے ہی لکھا ہوا تھا اور مجھ سے اس کے ساتھ دستخط کرنے کو کہا۔ میں نے کیا۔ ایک ٹرے جس میں انسانی گوشت تھا، خون کے بیسن کے ساتھ ٹکڑوں میں کاٹا گیا تھا۔ ہر ایک کو ایک خالی جگ دیا گیا، پھر ایک آدمی بغیر سر کے گھومتا ہوا خون اور گوشت دیگوں میں ڈالتا رہا۔ مختلف موم بتیاں اور اگربتیاں بھی جلائی جا رہی تھیں۔ بے سر نے کچھ ترانے کیے اور سب نے خون پیا اور گوشت کھایا اور جلسہ ختم ہوگیا۔

نوٹ :جعلی میل جول—خون/گوشت کی رسومات رب کے عشائیہ کی) پیروڈی کرتی ہیں، پرستاروں کو شیطانی "ٹیبلز "سے پابند کرتی ہیں۔ 1 (کرنتھیوں 10:20-21۔

ہندوستان میں ابتداء

اب میری آزمائش کا دور آچکا تھا۔ مجھے تقریباً 200 میٹر گہری وادی میں بھیج دیا گیا ۔ اس میں مختلف خطرناک رینگنے والے جانور اور جنگلی جانور تھے۔ یہ مجھے اذیت دینے کے لیے تھے۔ مجھے چیخنا نہیں تھا، کیونکہ اگر میں نے ایسا کیا تو میں امتحان میں فیل ہو گیا ہوں اور اس کا نتیجہ موت ہے۔ سات دن کی اذیت کے بعد مجھے باہر لایا گیا اور 'انڈیا جنگل' نامی جگہ بھیج دیا گیا۔

اس جنگل میں میں نے مختلف قسم کے شیطانی پرندے دیکھے۔ شیطانی کیونکہ کچھ کے چہرے کتے جیسے تھے، کچھ بلیوں جیسے تھے، پھر بھی پروں والے۔ اس جنگل کے اندر ایک غار تھا، اور یہ غار صرف ان شیطانی پرندوں نے کھولا ہے۔ انہوں نے غار کھولا اور میں اندر چلا گیا۔ میں نے جو ،چیزیں دیکھی ہیں ان کی وضاحت کرنا مشکل ہے۔ خوفناک مخلوق تھی کچھ انسانوں کی طرح نظر آتے تھے لیکن دموں والے اور انسانی چہرے کے بغیر

وغیرہ۔ یہ اذیت کی دوسری جگہ تھی۔ وہاں کی اذیت کو نیم جہنم قرار دیا جا سکتا ہے۔ میں 7 دن تک اسی حالت میں رہا اور باہر لایا گیا۔ پھر مجھے ایک بہت بڑی لائبریری میں بھیجا گیا جس میں مطالعہ کے لیے صوفیانہ کتابوں کی بڑی مقدار موجود تھی۔ میں نے بعد میں دو کتابیں چنیں:
جس کا مطلب ہے ، Assina جس کا مطلب ہے تباہی، اور ، Abbysinia زندگی دینا یا علاج کرنا۔ بعد میں مجھے مزید کتابیں دی گئیں۔ مجھے نائیجیریا واپس آتے ہی ایک چیمبر بنانے کی ہدایت کی گئی جس میں درج ذیل چیزیں ہیں: "ایک مقامی پانی کا برتن انسانی خون سے بھرا ہوا، اندر ایک زندہ درخت، ایک انسانی کھوپڑی، گدھ کے پنکھ، جنگلی جانوروں کی کھالیں، بوا کی کھال اور برتن کے پاس ایک بڑا چمکدار لیٹریٹ ۔" پانی کے برتن کے اندر موجود خون کو ہر صبح ایک ترانہ کے ساتھ لینا ہے۔ مجھے یہ بھی ہدایت کی گئی تھی کہ انسانوں کا پکا ہوا کھانا کبھی نہ کھاؤ بلکہ یہ کہ مجھے مافوق الفطرت طور پر کھلایا جائے گا۔ ان تمام ہدایات کے ساتھ میں اسی طرح واپس نائیجیریا آیا، اور سب کچھ پورا کیا۔

مشاہدہ :جادو کی لائبریریاں =تاریکی کے لیے شاگردی کے نظام۔ خدا کا) (تریاق کلام اور روح ہے)عبرانیوں 4:12؛ جان 16:13(

نائیجیریا میں واپس گھر میں
اب روحانی دنیا کا حصہ اور پارسل بن چکا تھا اور اپنی مرضی سے دنیا کے کسی بھی حصے میں جا سکتا تھا۔ میں نے جو کتابیں لائی ہیں ان کے مطابق روحانی مخلوق خلا میں رہ رہی ہے۔ شاید وہ میرے اختیارات میں اضافہ ،کریں گے، اس لیے میں نے کوشش کرنے کا فیصلہ کیا۔ میں اپنے گھر سے نکلا کچھ ترانے کیے اور آندھی کو پکارا اور غائب ہوگیا۔ میں نے خود کو خلا میں پایا اور ان روحانی مخلوقات کو دیکھا۔ آپ کیا چاہتے ہیں انہوں نے پوچھا۔ ،میں نے ان سے کہا کہ مجھے اختیارات چاہیے۔ جیسا کہ میں نے پہلے کہا تھا اب میں خود پر قابو نہیں رکھ سکتا۔ ان تمام اختیارات کے باوجود جو مجھے پہلے ہی مل چکے تھے، مجھے اب بھی زیادہ سے زیادہ اختیارات کی ضرورت تھی! پھر میں نے انڈرورلڈ میں جانے کا فیصلہ کیا تاکہ یہ ثابت کر سکوں کہ مجھے دی گئی کتابوں میں کیا لکھا ہے۔ ایک دن میں جھاڑی میں ایک چھپی ہوئی جگہ گیا، کتابوں میں بتائے گئے کچھ ترانے بنائے اور زمین کو کھولنے کا حکم دیا۔ زمین کھل گئی اور شیاطین نے فوراً قدم بنائے۔ میں اندر داخل ہوا اور بالکل زمین کے اندر چلا گیا۔ مکمل اندھیرا تھا جس کا موازنہ صرف ایک طاعون سے کیا جا سکتا ہے جو مصر میں بائبل میں درج ہے۔ میں نے بہت

ساری چیزیں دیکھی ہیں جن کی وضاحت کرنا مشکل ہے۔ میں نے لوگوں کو زنجیروں میں جکڑے دیکھا، لوگ پیسہ کمانے کے لیے استعمال ہوتے تھے - ان کا فرض ہے کہ وہ اپنے اغوا کاروں کو پیسے فراہم کرنے کے لیے دن رات کام کرتے ہیں؛ میں نے معاشرے کے کچھ ایسے افراد کو دیکھا جو کچھ قربانیاں دینے کے لیے آئے تھے اور اس جگہ کو کنٹرول کرنے والی روحوں کے ذریعے انہیں کچھ تحفے دے کر دنیا میں واپس چلے جائیں گے۔ میں نے چرچ کے کچھ لیڈروں کو دیکھا جو طاقتوں، اختیارات کے لیے آئے تھے کہ ایسی بات کہنے کے لیے جو چرچ میں پوچھے بغیر قبول کی جاتی ہے۔ میں دو ہفتے رہا اور مزید اختیارات ملنے کے بعد واپس آگیا۔ لوگوں نے مجھے جوان اور معصوم کے طور پر دیکھا لیکن کبھی نہیں جانتا تھا کہ میں خطرناک ہوں۔ اردگرد بہت سے ایسے لوگ ہیں۔ حقیقی معنوں میں صرف وہی لوگ محفوظ ہیں جو مسیح یسوع میں ہیں۔

سچائی کی سچائی :یہاں تک کہ مذہبی رہنماؤں کو بھی طاقت سے) آزمایا جا سکتا ہے۔ خدا کے بندے کی حقیقی نشانی عاجزی، پاکیزگی اور (روح کا پھل ہے۔ میتھیو 7:15-23۔

ساحل کی ملکہ کے ساتھ عہد

،ایک شام، میں نے سیر کرنے کا فیصلہ کیا۔ ایبوٹ میٹا بس اسٹاپ کے ساتھ میں نے ایک نوجوان خوبصورت خاتون کو کھڑے دیکھا۔ میں نے کبھی اس سے ایک لفظ بھی نہیں بولا۔ اگلے دن بھی گزرتے ہوئے میں نے اسے اسی جگہ پر دیکھا۔ تیسرے دن میں نے اسے اسی جگہ پر دیکھا اور گزرتے وقت اس نے مجھے بلایا۔ میں نے رک کر اس سے اپنا تعارف ایمینوئل آموس کے طور پر کروایا لیکن اس نے اپنا تعارف کرانے سے انکار کر دیا۔ میں نے اس سے نام اور پتہ پوچھا لیکن وہ صرف ہنسی۔ اس نے مجھ سے میرا پوچھا اور میں نے اسے صرف گلی بتایا۔ جب میں جانے ہی والا تھا تو اس نے کہا کہ وہ ایک دن مجھ سے ملنے آئے گی۔ میں نے دل میں کہا، یہ تو ناممکن تھا، میں نے اسے اپنے گھر کا ،نمبر نہیں دیا تھا، پھر وہ کیسے آسکتی تھی۔ لیکن اس کے الفاظ کے مطابق میں نے بس اسٹاپ پر اس ملاقات کے ایک ہفتے بعد اپنے دروازے پر دستک سنی۔ وہاں وہ تھی، پراسرار خاتون! میں نے اپنے ذہن میں اس کا استقبال کیا۔ میں حیران تھا کہ یہ خوبصورت عورت کون ہے، اور کیا اسے معلوم ہے کہ وہ(خطرناک بنیادوں پر چل رہی ہے؟) میں نے اس کا دل بہلایا اور وہ چلی گئی۔ اس پہلی ملاقات کے بعد، اس کے دورے بغیر کسی رشتے کے باقاعدہ ہو گئے؛ میں نے دیکھا کہ اس نے اپنے دوروں میں ایک خاص وقت رکھا، اور ایک

منٹ پہلے یا بعد میں نہیں آتا! اس کے کچھ دوروں میں میں اسے لاگوس باربیچ ، یا پیراماؤنٹ ہوٹل یا ایمبیسیڈر ہوٹل وغیرہ میں لے جاتا۔ اس سب کے دوران ، اس نے پھر بھی مجھے اپنا نام نہیں بتایا۔ میں نے فکر نہ کرنے کا فیصلہ کیا کیونکہ میں جانتا تھا کہ رشتہ اس سے زیادہ ترقی نہیں کرے گا۔
مجھے پہلے ہی ہدایت دی گئی تھی کہ کسی عورت کو کبھی ہاتھ نہ لگانا۔
اچانک اس نے دن کے دوروں کو راتوں میں بدل دیا۔ ایک دورے کے دوران اس نے مجھ سے کہا: "اب وقت آگیا ہے کہ آپ مجھ سے ملیں۔" اس رات ہم ساتھ رہے اور اگلے دن صبح 8 بجے ہم نے ٹیک آف کیا۔ ہم ایک بس میں شامل ہوئے اور اس نے ڈرائیور کو باربیچ پر رکنے کو کہا ۔ جب ہم رکے تو میں نے اس سے پوچھا: "ہم کہاں جا رہے ہیں؟" اس نے کہا: "فکر نہ کرو، تمہیں ، میرے گھر کا پتہ چل جائے گا۔" وہ مجھے باربیچ کے ایک کونے میں لے گئی بیلٹ جیسی کوئی چیز استعمال کی اور ہمارے گرد باندھ دی اور فوراً پیچھے سے ایک قوت آئی اور ہمیں سمندر میں دھکیل دیا۔ ہم پانی کی سطح پر اڑنے لگے اور سیدھے سمندر کی طرف گئے۔ پیارے قارئین، یہ میری جسمانی شکل میں ہوا! ایک مقام پر ہم سمندر کے بستر میں ڈوب گئے اور میری حیرت میں نے ہمیں ایک ایکسپریس راستے پر چلتے ہوئے دیکھا۔ ہم ایک ایسے شہر میں چلے گئے جہاں بہت سارے لوگ بہت مصروف تھے۔

سمندری دائرے کا نوٹ :تمام خطوں کی شہادتیں زیرِ آب منظم شہروں) اور معاہدوں کی وضاحت کرتی ہیں۔ صحیفہ علاقائی طاقتوں کو تسلیم (کرتا ہے)حزقی ایل 3:29؛ مارک 5:10(۔

روح کی دنیا
میں نے تجربہ گاہیں دیکھیں، جیسے سائنس لیب، ڈیزائننگ لیب، اور ایک تھیٹر۔ شہر کے پچھلے حصے میں میں نے جوان خوبصورت لڑکیاں اور خوبصورت نوجوان دیکھے۔ بوڑھے لوگ نہیں۔ اس نے میرا ان سے تعارف کرایا اور میرا استقبال کیا گیا۔ وہ مجھے "ڈارک روم"، "ڈرائینگ روم" اور "پیکنگ روم" جیسی جگہوں پر لے گئی۔ اس کے بعد وہ مجھے ایک مین فیکٹری اور گودام میں لے گئی اور پھر اپنی نجی حویلی آئی۔ وہاں اس نے مجھے بٹھایا اور کہا: "میں ساحل کی ملکہ ہوں اور آپ کے ساتھ کام کرنا چاہتی ہوں۔ میں آپ کو دولت اور اس کے ساتھ جانے والی تمام چیزیں، تحفظ اور اس کے ساتھ جانے والی تمام چیزیں، زندگی اور ایک 'فرشتہ' دینے کا وعدہ کرتی ہوں جو آپ کی رہنمائی کرے گی۔" اس نے ایک بٹن دبایا اور اس میں انسانی گوشت (ٹکڑوں میں) کے ساتھ ایک ٹرے نکلی اور ہم نے ساتھ کھانا کھایا۔

اس نے ایک ہوا کو حاضر ہونے کا حکم دیا اور مجھ سے اسے نگلنے کو کہا۔ میں نہیں کر سکا۔ اس نے اصرار کیا لیکن میں نہیں کر سکا، میں زندہ ہوا کیسے نگل سکتا ہوں۔ اس نے پھر اپنے اختیارات کا استعمال کیا اور میں نے اسے نگل لیا۔ یہ تین عہد تھے: انسانی گوشت اور خون، ہوا اور شیطانی فرشتہ ہر وقت اس بات کو یقینی بنانے کے لیے موجود تھے کہ کوئی راز افشا نہ ہو۔ لیکن 'فرشتہ' کو یہ اختیار دیا گیا تھا کہ اگر میں گمراہ ہو جاؤں تو مجھے تادیب کرے اور جب بھی میں یہاں زمین پر ہوں سمندر سے کھانا لے کر آئے۔ میں نے ہمیشہ اس کی بات ماننے کا وعدہ کیا۔ اس وعدے کے بعد وہ مجھے سمندر کے ایک اور حصے میں لے گئی، اس بار ایک جزیرہ۔ وہاں درخت تھے اور ان میں سے ہر ایک درخت کے مختلف فرائض تھے:

- پکارنے کے لیے - ،قتل کے لیے درخت - ،زہر دینے کے لیے درخت اس نے مجھے ہر قسم کے علاج کے لیے درخت۔ - درخت، اور سمندری جانوروں جیسے ہپوپوٹیمس، بوا کنسٹریکٹر اور مگرمچھ کو تبدیل کرنے کے اختیارات دیئے اور پھر وہ غائب ہو گئی۔ میں ایک ہفتہ سمندر میں رہا اور اوپر بتائے گئے ذرائع میں سے ایک (بطور مگرمچھ) کے ذریعے دنیا میں واپس آیا۔

مشاہدہ :جعلی "فرشتے "عہدوں کو نافذ کرتے ہیں)2 کور 11:14(-) مسیح کے فرشتے نجات اور تحفظ کے وزیر ہیں، کبھی غلامی نہیں کرتے ((عبرانیوں 1:14)

انڈر ورلڈ لیبارٹریز میں

ایک ہفتہ لاگوس میں رہا اور اس بار دو ماہ کے لیے سمندر میں واپس چلا گیا۔ میں یہ دیکھنے کے لیے سائنسی لیبارٹریوں میں گیا کہ کیا ہو رہا ہے۔ میں نے سائیکاٹرسٹ اور سائنسدانوں کو بہت سنجیدگی سے کام کرتے دیکھا۔ ان سائنسدانوں کا کام خوبصورت چیزوں جیسے چمکدار کاریں وغیرہ، جدید ترین ہتھیاروں کو ڈیزائن کرنا اور اس دنیا کے اسرار کو جاننا ہے۔ اگر دنیا کے ،ستون کو جاننا ممکن ہوتا تو وہ بھی جان سکتے تھے، لیکن اللّٰہ کا شکر ہے صرف اللہ ہی جانتا ہے۔

میں ڈیزائننگ روم میں چلا گیا اور وہاں میں نے کپڑے، پرفیوم اور مختلف قسم کے کاسمیٹک کے نمونے دیکھے۔ لوسیفر کے مطابق یہ تمام چیزیں مردوں کی توجہ اللہ تعالیٰ کی طرف سے ہٹانے کے لیے ہیں۔ میں نے الیکٹرانکس، کمپیوٹر اور الارم کے مختلف ڈیزائن بھی دیکھے۔ ایک ٹی وی بھی تھا جہاں سے وہ ان

لوگوں کو جانتے تھے جو دنیا میں دوبارہ پیدا ہوئے عیسائی ہیں۔ وہاں آپ ان لوگوں کو دیکھتے ہیں اور ان میں فرق کرتے ہیں جو چرچ جانے والے ہیں اور جو حقیقی مسیحی ہیں۔
پھر میں لیبارٹریوں سے 'ڈارک روم' اور 'ڈرائینگ روم' میں چلا گیا۔ تاریک کمرہ وہ ہے جہاں وہ کسی بھی نافرمان رکن کو قتل کرتے ہیں۔ وہ پہلے اس شخص کا خون نکال کر قتل کرتے ہیں اور پھر اس شخص کو مشین کے کمرے میں بھیج دیتے ہیں جہاں اسے پاؤڈر بنا دیا جائے گا اور پھر مٹی کو 'بوری والے کمرے' میں بھیج دیا جائے گا جہاں وہ تھیلے میں ڈالے جائیں گے اور مقامی ڈاکٹروں کو ان کی توجہ کے لیے جمع کرنے کے لیے رکھا جائے گا۔ اور بھی چیزیں تھیں جن کی تحریری وضاحت مشکل ہے۔ مجھ میں ان تمام طاقتوں کے باوجود، میں ابھی تک لوسیفر سے ملنے کا اہل نہیں تھا بلکہ صرف اس کا ایجنٹ بننے کا اہل تھا۔ اسی طرح میں مطمئن تھا کہ اب میرے پاس اختیارات ہیں اور میں اپنی مرضی سے چیزوں کا سامنا، چیلنج اور تباہ کر سکتا ہوں۔ کیا میرے ذہن میں کہیں بھی کوئی اور طاقت ہو سکتی ہے۔

باب کے لیے حتمی نوٹ" :زیادہ طاقت "کا جنون اندھیرے میں ایک نہ) ختم ہونے والا سرپل ہے۔ صرف مسیح کے سامنے ہتھیار ڈالنے سے ہی چکر (ٹوٹ جاتا ہے۔ میتھیو 11:28-30۔

باب 2 سے نجات کی کلیدیں۔

- جہنم کی پیشکشیں مدد سے خوفناک حد تک بڑھ جاتی ہیں - .قیمت ہمیشہ خون ہے
- — تحریری/خون کے عہد اور ابتدائی رسومات **قانونی دروازے ہیں** لیکن مسیح کی صلیب ہمارے خلاف ریکارڈ کو منسوخ کر دیتی ہے (Col 2:14-15)۔
- سمندری/انڈرورلڈ ڈھانچے روحانی جنگ میں حقیقی ہیں، پھر بھی **ہر نام یسوع کے سامنے جھکتا ہے** (فل 2:9-11)۔
- ،خاندانوں کے لیے سمجھداری: رازداری، دھمکیاں، اچانک دولت اور رات کی رسومات خطرے کی نشانیاں ہیں۔ **دعا کی ڈھالیں اٹھائیں** اور دانشمندانہ مشورہ حاصل کریں۔

استغفار اور پردہ پوشی کی دعا

خداوند یسوع مسیح، میں اندھیرے کے ساتھ اپنے یا میری طرف سے کیے گئے ہر عہد، حلف، یا ابتدا کو ترک کرتا ہوں۔ اپنے خون سے میرے خلاف لکھی دائروں سے astral ہوئی ہر تحریر کو مٹا دے۔ میں سمندری، انڈرورلڈ، اور تعلقات توڑتا ہوں۔ مجھے آپ کی گود لینے کی روح، آپ کی سلامتی، اور مجھ پر اور میرے گھر والوں پر آپ کی حفاظت ملتی ہے۔ تیرے نام پر میں ہر شیطانی دروازے کو بند کرتا ہوں اور اپنی زندگی کو صرف تیری ربّیت کے لیے کھولتا ہوں۔ آمین۔

باب 3 :شریر حکومت

• کی اصل داستان (Rev. Emmanuel Amos Eni
(کی مختصر تفسیر O. Ogbe سفیر پیر

چور نہیں آتا بلکہ چوری کرنے، قتل کرنے اور تباہ کرنے کے لیے آتا ہے: میں'' — ''اس لیے آیا ہوں کہ ان کو زندگی ملے، اور وہ اسے زیادہ سے زیادہ پائیں۔
یوحنا 10 :10

بصیرت :یہاں بیان کیا گیا ہر عمل اس آیت کا آئینہ دار ہے۔ شیطان کا) نمونہ چوری، موت اور تباہی ہے؛ مسیح کا انسداد مشن بہت زیادہ زندگی (ہے۔

پہلی تفویض - خون کے بدلے خون

لاگوس واپسی پر، میں نے اپنا کاروبار جاری رکھا اور دو ہفتوں کے بعد میں سمندر میں واپس چلا گیا۔ ساحل کی ملکہ نے مجھے وہ دیا جسے اس نے اپنی پہلی اسائنمنٹ" کہا۔ مجھے اپنے گاؤں جا کر اپنے چچا کو قتل کر دینا" چاہیے، جو ایک نامور طاقتور مقامی ڈاکٹر تھا، جو ان کے مطابق، میرے والدین کی موت کا ذمہ دار تھا۔

میں نے اطاعت کی اور چلا گیا لیکن پہلے قتل نہ کرنے کی وجہ سے مجھ میں اسے مارنے کی ہمت نہ تھی بلکہ میں نے اس کی دوائیں تلف کر دیں اور اسے بے اختیار کر دیا۔ اس ایکٹ کے نتیجے میں اس نے آج تک اپنے تمام گاہک کھو دیے۔ میں رپورٹ اسائنمنٹ دینے واپس آیا لیکن وہ مجھ سے ناراض تھی۔ اس نے کہا کہ اس کی ہدایت کی نافرمانی کا نتیجہ موت تھا، لیکن مجھ سے اس کی محبت کی وجہ سے وہ مجھے دو بزرگوں کو مارنے کے لیے واپس اسی گاؤں بھیجے گی جن کے بارے میں اس نے کہا کہ میرے والدین کے قتل میں اس نے مدد کی۔ یہ اس کی نافرمانی کی سزا تھی یا نہیں، میں نہیں جانتا تھا۔

تاہم، میں نے کہا اور گاؤں واپس چلا گیا اور ان لوگوں کو مارنے میں کامیاب ہو گیا اور ان کا خون اس کے پاس بھیجا۔

تبصرہ :دشمن ہمیشہ گناہ کو بڑھاتا ہے - ایک بار جب آپ حاصل (کرتے ہیں، تو وہ مزید مانگتا ہے۔ رومیوں 6 :16۔

ان کی موت کے پراسرار حالات کے نتیجے میں گاؤں کے بزرگ ایک اور طاقتور مقامی ڈاکٹر سے دریافت کرنے گئے جو عام طور پر قاتل کی تحقیقات کے لیے بجلی بھیجتا تھا۔ بدقسمتی سے ان آدمیوں کے لیے، میں روح کے مقامی ڈاکٹر سے ملا جہاں وہ روحوں سے مشورہ کر رہا تھا اور اسے خبردار کیا کہ اگر وہ اپنی زندگی سے پیار کرتے ہیں تو کچھ نہ کہیں۔ اس نے باہر آکر بزرگوں سے کہا کہ گھر جا کر اپنے ایک بیٹے کی بھیک مانگو جسے انہوں نے ناراض کیا تھا اور کبھی میرا نام نہیں لیا۔ اس نے جو بجلی بھیجی وہ واپس آئی اور ان کے درمیان ٹکرا کر کچھ کو ہلاک اور بہت سے زخمی کر دیا۔

اس پہلے عمل کے بعد مجھ میں طاقتیں ظاہر ہونے لگیں۔ دوستی وغیرہ سے انکار کرنے پر میں کسی لڑکی کو خراب کر دوں گا۔

عکاس :مسیح کے باہر ہر "طاقت" بے قابو برائی بن جاتی ہے؛ دیکھیں (لوقا 9 :55۔

شیطان سے میری ملاقات

میں بعد میں لاگوس واپس چلا گیا۔ ایک دن **نینا** نامی لڑکی میرے پاس آئی۔ نینا جس کے والدین انمبرا ریاست سے تھے ایک بہت خوبصورت نوجوان لڑکی تھی لیکن زیادہ تر سمندر میں رہتی ہے، یعنی پانی کے اندر کی روح کی دنیا۔ وہ ساحل کی ملکہ کی پرجوش ایجنٹ اور بہت بدکار تھی۔ وہ بنیادی طور پر عیسائیوں سے نفرت کرتی تھی اور عیسائیت سے لڑنے کے لئے ہر حد تک جائے NINA گی۔ میری اس سے پہلی ملاقات سمندر کے دورے کے دوران ہوئی تھی۔ ساحل کی ملکہ سے کام کے لیے آئی تھی۔

لوسیفر کے ساتھ ایک کانفرنس ہے -

اس ملاقات میں شیطان نے ہمیں مندرجہ ذیل ہدایات دیں: مومنوں سے لڑو نہ کہ کافروں سے، کیونکہ کافر پہلے ہی اس کے تھے۔

جب اس نے یہ کہا تو ہم میں سے ایک نے پوچھا: کیوں؟ اس نے کہا کہ اس کی وجہ یہ تھی کہ خدا نے اسے "اس جگہ" سے نکال دیا (اس نے لفظ جنت کہنے سے انکار کیا اور اس کے ساتھ ہماری تمام ملاقاتوں میں اس نے کبھی بھی لفظ آسمان کا ذکر نہیں کیا)۔ بلکہ وہ ہمیشہ نفرت کی وجہ سے اس جگہ کا لفظ استعمال کرتا ۔

اس نے کہا کہ اسے غرور کی وجہ سے نکالا گیا اور اس لیے وہ نہیں چاہتا کہ کوئی عیسائی وہاں (جنت) پہنچے۔

اس نے ہمیں یہ بھی بتایا کہ ہمیں منافقوں سے نہیں لڑنا چاہیے۔ "وہ میرے جیسے ہیں،" انہوں نے کہا۔ اس نے جاری رکھا: "ہمیں صرف حقیقی عیسائیوں سے لڑنا چاہیے، میرا وقت قریب ہے، اس لیے ہمیں پہلے کی طرح لڑنا چاہیے اور اس بات کو یقینی بنانا چاہیے کہ کوئی اس جگہ داخل نہ ہو۔"

— نوٹ :جہنم حقیقی شاگردوں سے ڈرتی ہے، برائے نام مومنوں سے نہیں) (جیمز 2 :19؛ اعمال 19 :15۔

تو ہم میں سے ایک نے اس سے کہا: "ہم نے سنا ہے کہ خدا نے انسانوں کو خدا کی طرف واپس کرنے کے لئے کسی کو بھیجا ہے۔"
شیطان نے پھر پوچھا: وہ کون ہے؟ ایک رکن نے "یسوع" کا جواب دیا، اور ہمارے سب سے بڑے تعجب کے ساتھ، **لوسیفر اپنی نشست سے گر گیا۔**

اس نے اس آدمی پر چلایا اور اسے تنبیہ کی کہ اگر وہ اپنی جان سے پیار کرتا ہے تو ہماری کسی میٹنگ میں اس نام کا ذکر نہ کرنا۔

یہ سچ ہے،'' ایمانوئیل لکھتا ہے، ''کہ یسوع کے نام پر ہر گھٹنے کو جھکنا چاہیے'' (فلپیوں 2:10) بشمول شیطان۔

اس واقعے کے بعد اس نے ہماری حوصلہ افزائی کی اور ہمیں کہا کہ "ان عیسائیوں" کو برا نہ مانیں، کہ وہ لوسیفر جلد ہی دنیا پر حکومت کرنے آئے گا اور ہمیں، اپنے ایجنٹوں کو، ایک بہتر جگہ دے گا تاکہ ہم باقی دنیا کے ساتھ تکلیف نہ اٹھائیں اور وہ ہمیں حکمران بنائے۔

،اس نے جاری رکھا کہ چونکہ انسان چمکیلی اور خیالی چیزیں پسند کرتا ہے اس لیے وہ ان چیزوں کو تیار کرتا رہے گا اور اس بات کو یقینی بنائے گا کہ انسان کے پاس اپنے خدا کے لیے وقت نہیں ہے اور وہ کلیسیا کو تباہ کرنے کے لیے :درج ذیل چیزوں کا استعمال کرے گا

1. پیسہ
2. دولت
3. خواتین

تقریر کے اختتام پر انھوں نے اجلاس برخاست کردیا۔ یہ شیطان سے میری پہلی ملاقات تھی۔ کئی اور لوگوں نے پیروی کی۔

بصیرت :یہ تین ہتھیار — سونا، جلال، اور لڑکیاں — آج بھی وزارتوں) (کو برباد کر رہے ہیں۔ دیکھیں 1 جان 2 :15-17۔

ملکہ کی کمک

جب ہم روانہ ہو رہے تھے، ساحل کی ملکہ نے، جو اب مختلف روپوں میں نظر آتی ہے، مجھے اپنی حویلی میں مدعو کیا۔ اس نے میری دونوں ٹانگوں کی ہڈیوں کے اندر دوسری چیزوں کے ساتھ انسانی راکھ ڈالی، میری انگلی میں ایک پتھر (ایک عام پتھر نہیں) اور میرے دائیں ہاتھ کی ہڈی کے اندر کچھ اور۔

ان میں سے ہر ایک چیز کے اپنے فرائض تھے۔

- میری انگلی کا پتھر میرے خلاف کسی کی سوچ کو جاننا تھا۔
- جو میرے دائیں ہاتھ میں تھا وہ مجھے تباہ کرنے کا اختیار دینا تھا۔
- ٹانگوں میں مجھے مزید سخت اور خطرناک بنانا تھا اور مجھے عورت، جانور، پرندے، بلی وغیرہ میں تبدیل کرنے کے قابل بنانا تھا۔

وہ مجھے ایک لیبارٹری میں لے گئی اور مجھے ایک ٹیلی سکوپ، ایک ٹی وی اور ایک ویڈیو دی - عام نہیں - دوبارہ پیدا ہونے والے عیسائیوں اور گرجا گھروں کے اندر صرف چرچ جانے والوں کا پتہ لگانے کے لیے۔

آخر کار، اس نے مجھے سولہ لڑکیاں میرے ایجنٹ کے طور پر کام کرنے کے لیے دیں۔ نینا ان میں سے ایک تھی۔ میں ان "تحفوں" سے لیس ہو کر لاگوس واپس آیا۔

تبصرہ :جعلی تفہیم کے آلات—شیطان کا روح القدس کی تفہیم کا تحفہ) ((کور 12 :10 1)

شیطان کے ایجنٹ میں تبدیل

میرے دل میں اب کوئی انسانی جذبات یا رحم باقی نہیں رہا۔ میں نے فوری طور پر آپریشن کیا اور ایک ہی وقت میں پانچ ڈوپلیکس کو تباہ کر دیا۔ وہ سب اپنے باشندوں کے ساتھ زمین کے اندر دھنس گئے۔ یہ اگست 1982 میں لاگوس میں ہوا تھا۔ ٹھیکیدار کو اچھی بنیاد نہ رکھنے کا ذمہ دار ٹھہرایا گیا اور اس کی قیمت بہت زیادہ ادا کی گئی۔

آج دنیا میں ہونے والی بہت سی تباہی انسانوں کی تخلیق نہیں ہے۔ شیطان کا کام چوری کرنا، مارنا اور تباہ کرنا ہے۔ میں دوبارہ کہتا ہوں، **شیطان کے پاس کوئی مفت تحفہ نہیں ہے۔**

(کلیدی سچائی :اندھیرے سے ہر ظاہری فائدہ المیہ پر ختم ہوتا ہے۔)

مومنوں کو نشانہ بنانا

میں سڑکوں وغیرہ پر حادثات کا باعث بنا۔ ایک کیس کا میں ذکر کرنا چاہوں گا ایک نوجوان مذہب کے بارے میں جو اپنی نجات اور نجات کی گواہی دیتا رہا۔ وہ ایسا کرنے سے روحانی دنیا میں بہت زیادہ نقصان پہنچا رہا تھا، اس لیے میں نے اس کے لیے ایک حادثے کا منصوبہ بنایا۔

ایک دن وہ گواہی کے لیے لگژری بس میں لاگوس جا رہے تھے۔ چونکہ بس تیز رفتاری پر تھی، میں نے اسے سڑک سے ہٹا دیا اور وہ ایک درخت سے ٹکرا گئی۔ اس نوجوان کے علاوہ تمام مسافر مر گئے۔

:اس کا بچنا معجزانہ تھا کیونکہ وہ بوٹ کے ذریعے گاڑی سے باہر آیا اور چیخا میں محفوظ ہوں! میں محفوظ ہوں!" ہم نے اسے گواہی دینے سے روکنے کی" کوشش کی لیکن ہم ناکام رہے۔

(سبق :گواہی جنگ ہے - مکاشفہ 12 :11۔)

ٹی وی کے ذریعے، ہم ایک ایسے شخص کو جانیں گے جس نے نئے سرے سے توبہ کی اور سنجیدگی سے اس کا تعاقب کریں گے کہ آیا ہم اسے پیچھے ہٹ سکتے ہیں۔ اگر چھ ماہ کے بعد بھی ہم کامیاب نہ ہوئے تو ہم اس کے کاروبار میں جائیں گے اور اسے دیوالیہ کر دیں گے۔ اگر وہ سرکاری ملازم ہے تو ہم باس کے ذریعے اس پر ظلم کریں گے، اور اگر ممکن ہو تو باس کو اس کی تقرری ختم کر دیں گے۔ اگر ان سب کے بعد وہ پیچھے ہٹنے سے انکار کر دے تو ہم اسے چھوڑ دیں گے۔ لیکن اگر وہ پیچھے ہٹتا ہے تو اس بات کو یقینی بنانے کے لیے اسے مار دیا جائے گا کہ اسے توبہ کا دوسرا موقع نہ ملے۔

—یاد دہانی :تبدیلی کے بعد ثابت قدم رہنا جہنم کے چکر کو توڑ دیتا ہے) (افسیوں 6:13 ۔

وزرڈز کے چیئرمین

میں نے زندگیوں کو اس حد تک تباہ کیا کہ لوسیفر بہت خوش ہوا اور مجھے جادوگروں کا چیئرمین بنا دیا۔

میری صدارت کے ایک ماہ بعد میٹنگ بلائی گئی۔ ہم نے اس میٹنگ میں پرندوں، بلیوں اور سانپوں کے طور پر شرکت کی۔ یہ مخلوقات درج ذیل وجوہات کی بنا پر استعمال ہوتی ہیں۔

1. پرندوں کا رخ کرنا جادوگروں کو زیادہ خطرناک بنا دیتا ہے۔
2. بلیوں کی طرف رجوع کرنا انہیں روحوں اور انسانوں دونوں تک پہنچنے کے قابل بناتا ہے۔

3. ،چوہوں کا رخ کرنے سے وہ آسانی سے گھر میں داخل ہو جاتے ہیں پھر رات کو سائے کی طرف، پھر انسان کی طرف اور شکار کا خون چوستے ہیں۔

"اس میٹنگ میں ہمارے ایجنڈے پر صرف ایک آئٹم تھا: **"مسیحی۔**

اس کے بعد ہم نے 1983 میں بینن شہر میں افریقی وزرڈ کانفرنس منعقد کرنے کا پروگرام بنایا۔ ہم نے اسے تمام روزناموں اور تمام سرکاری میڈیا میں شائع کیا۔ تاریکی کی تمام قوتیں متحرک تھیں اور ہمیں یقین تھا کہ اس میٹنگ میں کوئی رکاوٹ نہیں آئے گی۔

اچانک، **نائیجیریا میں مسیحی اپنے خدا کی حمد و ثنا میں چلے گئے** اور ہمارے تمام منصوبے خاک میں مل گئے۔ نہ صرف وہ بکھر گئے بلکہ اندھیرے کی بادشاہی میں حقیقی الجھنیں تھیں۔

نتیجے کے طور پر، نائجیریا میں چڑیلوں اور جادوگروں کی کانفرنس منعقد نہیں ہو سکی۔

عیسائیوں کو یاد رکھنا چاہیے کہ جس لمحے وہ خداتعالیٰ کی حقیقی حمد و ثنا کے لیے جائیں گے، سمندر اور ہوا دونوں میں پریشانی اور انتشار پیدا ہو جائے گا، اور شیطان کے کارندوں کے لیے کوئی آرام گاہ نہیں ہوگی۔ دعا ہمارے درمیان ٹائم بم پھینکنے کے مترادف ہے اور ہر کوئی اپنی جان کے لیے بچ جائے گا۔

اگر مسیحی اُس طاقت اور اختیار کا ادراک کرتے اور اُس کا استعمال کرتے جو اُخدا نے اُنہیں دیا ہے، تو وہ اپنی قوم کے معاملات کو کنٹرول کر لیں گے صرف مسیحی ہی ہماری قوم کو بچا سکتے ہیں۔

ایمان کی کلید :کارپوریٹ تعریف ایک ہتھیار ہے — 2 تواریخ 20 :21-) (؛ اعمال 16 :25-26-22

کانفرنس کی ناکامی کے بعد

،اس کانفرنس کی ناکامی کے بعد، جو بعد میں جنوبی افریقہ میں منعقد ہوئی مجھے واپس سمندر میں بلایا گیا۔ جب میں پہنچا تو مجھے اسی لمحے سے کہا گیا کہ میں سمندر کو اپنا گھر بناؤں گا اور صرف مشکل آپریشن کے لیے دنیا کا دورہ کروں گا۔

مجھے ایک نئی ذمہ داری سونپی گئی تھی: مقامی ڈاکٹروں کے لیے دلکش ایجاد کرنا، کنٹرول روم کا انچارج اور تحائف بھیجنا، یعنی سفید لباس والے گرجا "گھر کھولنا، زچگی کھولنا، دکانیں کھولنا اور انہیں خوشحال بنانا، "بچوں اور پیسے دینا۔

:ان کی ایک کے بعد ایک وضاحت کی جائے گی

سفید لباس کے گرجا گھروں کا افتتاح .1

جب کوئی شخص ہمارے پاس نماز گھر بنانے میں مدد کے لیے آتا ہے اور اسے :شفاء وغیرہ میں مدد کرتا ہے تو اسے کچھ شرائط دی جائیں گی
الف) وہ ہر سال ایک یا دو جانیں دینے پر راضی ہوں گے۔ ب) چرچ میں دفتر کے ایک مخصوص درجے پر اس شخص کو ہماری سوسائٹی میں شروع کیا جائے گا۔

،جب وہ ان شرائط کو قبول کر لیتا ہے تو اسے سفید کنکر، انسانی ہڈیاں خون اور دلکش سب کچھ ایک دیسی برتن میں دیا جائے گا۔ اسے ہدایت کی جائے گی کہ اس برتن کو اس کے تمام مواد کے ساتھ چرچ کے سامنے دفن کر دے اور صلیب کو اس کے اوپر دفن کر دے۔ تدفین کے بعد صرف صلیب کو دیکھا جائے۔

اسے ایک تالاب بنانے یا ایک بیسن رکھنے کا مشورہ دیا جائے گا جہاں روحیں خصوصی پانی فراہم کرتی رہیں۔ یہ پانی وہ ہے جسے آپ سنتے ہیں کہ انہیں **مقدس پانی "کہتے ہیں۔"**

بہت سے لوگ جب بد روحوں سے پریشان ہوتے ہیں تو انہیں نکالنے کے لیے ان انبیاء "کے پاس جاتے ہیں۔ سچ تو یہ ہے کہ وہ صرف ان میں مزید بدروحیں" ڈالتے ہیں۔ شیطان شیطان کو نہیں نکال سکتا)لوقا 11 :17-19(۔

نبی کیا کریں گے دعا کریں اور ممبر کو گھر میں رکھنے کے لیے ایک سرخ کپڑا دیں، انہیں موم بتیاں اور بخور کے ساتھ دعا کرنے کا مشورہ دیں۔ اس طرح شیاطین کو دعوت دیں۔

بعض اوقات ممبر کو قربانی کے لیے بکرا لانے کو کہا جاتا۔ یہ قربانیاں اس لیے ہیں کہ ہم آئیں اور آدمی کو ٹھیک کرنے میں "مدد" کریں۔ نبی میں شفا دینے کی طاقت نہیں ہے۔

(تفصیل :مسیح سے باہر نجات غلامی ہے۔ اعمال 19 :13-16۔)

زچگی کا آغاز .2

اگر کوئی عورت زچگی کو کھولنے اور اسے خوشحال بنانے میں مدد کے لیے ہمارے پاس آئے تو اسے یہ شرط دی جائے گی: ہم ایک مہینے کا انتخاب کریں گے جس میں زچگی کے دوران پیدا ہونے والے تمام بچے مر جائیں گے، لیکن باقی مہینوں میں بچے زندہ رہیں گے۔

اگر وہ قبول کرتی ہے، تو اسے زچگی کی طرف لوگوں کو راغب کرنے کے لیے ایک دلکش دیا جائے گا۔ اونیتشا، لاگوس وغیرہ میں ایسی زچگی ہیں۔ جوتے اندر جانے کی اجازت نہیں ہے۔

یاد دہانی :دشمن پھلوں کی نقل کرتا ہے - لیکن صرف خدا ہی حقیقی) (زندگی دیتا ہے۔ زبور 127 :3۔

فینسی اسٹورز کا افتتاح .3

جب کوئی مرد مدد کے لیے ہم سے رابطہ کرتا تو اسے اس شرط کے ساتھ انگوٹھی دی جاتی کہ کسی عورت کو اسے ہاتھ لگانے کی اجازت نہ ہو۔ اسے ہمارا رکن بننے پر بھی رضامند ہونا چاہیے۔ اگر وہ قبول کرتا ہے، تو اس کا اسٹور ہمیشہ ہمارے ذریعہ بہترین اور جدید ترین مواد سے مزین رہے گا۔

دھوکہ :تاروں سے منسلک خوشحالی اسیری کی طرف لے جاتی ہے — امثال)
(بمقابلہ میتھیو 4 :9- 22 :10

بچوں کو دینا .4

اگر کوئی بانجھ عورت کسی مقامی ڈاکٹر کے پاس جاتی ہے تو اس کی شکایت کے بعد اسے ایک سفید مرغ، ایک بکرا، دیسی چاک اور بچوں کی دیکھ بھال کی چیزیں لانے کو کہا جاتا ہے۔

اسے جانے کا مشورہ دیا جائے گا اور اس کی غیر موجودگی میں مقامی ڈاکٹر یہ ،چیزیں لے کر ہمارے پاس آئے گا۔ اس کے بعد ہم کچھ چیزوں کو ملا دیں گے بشمول انسانی راکھ۔ وہ اس دلکشی کو عورت کے لیے کھانا پکانے کے لیے استعمال کرتا تھا۔

وہ حاملہ ہو جائے گی اور جنم دے گی، لیکن یہ کوئی عام انسان نہیں ہے۔ اگر بچہ لڑکی ہے تو زندہ رہے گا اور شادی بھی کر لے گا لیکن عمر بھر بانجھ ہی رہے گا۔ اگر مرد ہے، تو وہ زندہ رہے گا اور یہاں تک کہ اسے اچانک مرنے کی تربیت دی جائے گی۔ وہ اپنے والدین کو دفنانے کے لیے کبھی زندہ نہیں رہتے۔

میں یہاں یہ بتانا چاہوں گا کہ بانجھ پن زیادہ تر بدروحوں کی وجہ سے ہوتا ہے۔ آپ یہاں زمین پر ایک عورت کو بانجھ دیکھ سکتے ہیں، لیکن سمندر میں اس کے بچے ہوں گے۔ لہذا میں خدا کے بچوں کو مشورہ دیتا ہوں کہ وہ صرف خدا کا انتظار کریں کیونکہ صرف خدا ہی حقیقی اولاد دیتا ہے۔

("سچائی :1 سموئیل 2 :5 - "بانجھ نے سات بچے پیدا کیے ہیں۔)

رقم دینا .5

اگر کوئی آدمی پیسے کے لیے ہمارے پاس آتا ہے تو اسے یہ شرائط دی جائیں گی: اس سے کہا جائے گا کہ وہ اپنے جسم کا ایک حصہ دے، یا اگر اس کا کوئی خاندان ہے تو اس سے کہا جائے گا کہ وہ اپنے بیٹے کو لے آئے۔ اگر اکیلا، اس کا بڑا یا چھوٹا بھائی - ایک ہی رحم سے کوئی۔

مقتول کے قتل کے دوران عطیہ دینے والے کو نیزہ یا تیر دیا جائے گا۔ اس کے تعلقات آئینے میں گزر جائیں گے۔ جیسے ہی اس نے عطیہ کیا تھا وہ گزر جائے گا، اسے ہڑتال کرنے کے لیے کہا جائے گا، اور ایسا ہونے پر شکار وہیں مر جائے گا جہاں وہ ہے۔

اور بھی طریقے ہیں لیکن ایک کام شیطان یہ کرتا ہے کہ وہ ہر طریقہ میں اس بات کو یقینی بناتا ہے کہ چندہ دینے والے کو شکار بنا کر اس کی موت کا ذمہ دار بنتا ہے۔

!یاد رکھیں، شیطان کے پاس کوئی مفت تحفہ نہیں ہے

(آخری سچ :دولت کا ہر شارٹ کٹ ایک جال ہے - میتھیو 16 :26۔)

نجات کے مظاہر

- جہنم خون مانگتی ہے۔ آسمان نے مسیح کا خون ہمیشہ کے لیے ایک بار پیش کیا (عبرانیوں 9:12)۔
- خوف کے ذریعے کیے گئے ہر عہد کو صرف توبہ اور صلیب کے ذریعے توڑا جا سکتا ہے۔
- —مسیحی تعریف اور دعا کے ذریعے دھماکہ خیز طاقت رکھتے ہیں !اسے استعمال کریں
- حقیقی خوشحالی، شفایابی اور اولاد صرف خدا کی فرمانبرداری سے حاصل ہوتی ہے۔

ترک اور حفاظت کی دعا

خداوند یسوع مسیح، میں دشمن کے فریب کو بے نقاب کرنے کے لیے آپ کا شکریہ ادا کرتا ہوں۔ میں شیطانی معاہدوں، کرشموں، یا جھوٹے نبیوں کے ساتھ، جان بوجھ کر یا نادانستہ، ہر شمولیت کو ترک کرتا ہوں۔ یسوع کے خون کو میرے لیے بہتر باتیں کرنے دیں۔ میں تجسس، خوف، یا جہالت کے ذریعے کھلنے والے ہر دروازے کو بند کر دیتا ہوں۔ مجھے وہ بھرپور زندگی ملتی ہے جس کا آپ نے وعدہ کیا تھا۔ مجھے سچائی، پاکیزگی اور فہم پر چلنے کی طاقت دے۔ آمین۔

باب 4 :شیطان کیسے عیسائیوں سے لڑتا ہے۔
(اصل متن محفوظ ہے؛ جامع تشریحات)

،کیونکہ ہم گوشت اور خون سے نہیں بلکہ بادشاہتوں، طاقتوں کے خلاف" اونچی جگہوں پر روحانی شرارت کے خلاف لڑتے ہیں۔" ایف۔ 6: 10-12

نوٹ :یہ پورے باب کو تیار کرتا ہے: اصل تنازع روحانی ہے۔ ہتھیاروں کا]روحانی ہونا ضروری ہے۔ 6:13-18۔

عیسائیوں سے لڑنا

لوسیفر کی طرف سے عیسائیوں سے لڑنے کے حکم کے بعد، ہم پھر بیٹھے اور ان سے لڑنے کے طریقے مندرجہ ذیل بنائے:

1. بیماریوں کا سبب بننا۔
2. بانجھ پن کا باعث۔
3. چرچ میں نیند کا باعث بننا۔
4. چرچ میں الجھن پیدا کرنا۔
5. چرچ میں گنگنا پن کا سبب بننا۔
6. انہیں خدا کے کلام سے بے خبر بنانا۔
7. فیشن اور ایمولیشن سے۔
8. ان سے جسمانی طور پر لڑنا۔

تبصرہ: یہ ہدف دعا، پاکیزگی، اتحاد، صحیفہ — بالکل وہی] جو چرچ کو طاقت دیتا ہے۔ دیکھیں اعمال 2:42-47؛ جیمز 4:7-8۔[

مندرجہ بالا میں سے میں دو کی وضاحت کرنا چاہتا ہوں:

جسمانی طور پر لڑنا .1

مجھے دیئے گئے ٹی وی کے ساتھ، میں دوبارہ پیدا ہونے والے عیسائیوں کو دیکھوں گا۔ ہم منافقوں سے نہیں لڑتے کیونکہ وہ پہلے سے ہمارے ہیں۔ پھر ہم اپنی لڑکیوں کو پہلے بڑے گرجا گھروں میں بھیجیں گے۔ چرچ کے اندر وہ

چیونگم چبا رہے ہوں گے یا کسی بچے کو رلائیں گے یا کوئی ایسا کام کریں گے جس سے لوگوں کی توجہ خدا کا کلام سننے سے ہٹ جائے۔ وہ روحانی طور پر آنے کا فیصلہ کر سکتے ہیں اور تبلیغ کے دوران لوگوں کی نیندیں اڑا سکتے ہیں۔
جس لمحے وہ دیکھتے ہیں کہ آپ تبلیغ کی وجہ سے ایک پرسکون عکاسی کرتے ،ہیں، وہ چرچ کے باہر آپ کا انتظار کریں گے اور جیسے ہی آپ باہر آئیں گے ان میں سے ایک آپ کو سلام کرے گا اور آپ کو ایک تحفہ بھی پیش کرے گا (اور یہ ہمیشہ آپ کو پسند ہے) اور بہت دوستانہ نظر آئیں گے۔ وہ سب کچھ کرے گی اور اس سے پہلے کہ آپ کو معلوم ہو کہ کیا ہو رہا ہے آپ وہ سب کچھ بھول چکے تھے جو آپ نے گرجہ گھر میں سیکھا تھا۔ لیکن ایک حقیقی مسیحی کے لیے، ان لڑکیوں میں سے ایک، خدمت کے بعد، آپ کو سلام کرنے کے لیے باہر کودتی اور آپ کے گھر کو اس بہانے سے جاننا چاہتی تھی کہ وہ شہر میں نئی ہے اور آس پاس کے بہت سے عیسائیوں کو نہیں جانتی تھی۔ اسے گھر لے جانے پر وہ جلدی سے کیلے خرید لیتی اور عیسائی اسے محبت کے اشارے کے طور پر لیتا۔ وہ اس وقت تک اپنے دورے جاری رکھے گی جب تک کہ وہ آپ میں مسیح کی روشنی کو ختم نہیں کر دیتی اور پھر آنا بند نہیں کر دیتی۔ زندہ گرجا گھروں اور رفاقتوں میں بڑے کام یہ ہیں: مسیحیوں کو خدا کے کلام کو پڑھنے اور مطالعہ کرنے سے روکنا، اور اس طرح انہیں ان کے اختیار اور خدا کے وعدوں سے ناواقف بنانا۔ صلیبی میدانوں میں ان لڑکیوں کو اختلاف اور جھگڑے کے لیے بھیجا جاتا۔

"نئے رابطوں" (b) ،(Col. 3:16) لفظوں سے بھرے رہیں (a(:گارڈریلز] Jn تحائف کو فہم کو نظرانداز نہ ہونے دیں (1 (c(،کے ساتھ حدود رکھیں دیکھنے اور دعا کرنے کے لیے عشر/شفاعت کرنے والوں کو (d) ،(4:1]تفویض کریں—میٹ۔ 26:41۔

عیسائیوں کو کیسے جانا جاتا ہے؟

نئے سرے سے پیدا ہونے والے عیسائیوں کو بائبل کے ذریعہ نہیں جانا جاتا ہے جو وہ ہمیشہ لے جاتے ہیں یا ان کی بہت سی رفاقتوں میں شرکت کرتے ہیں۔ وہ روحانی دنیا میں اس روشنی سے پہچانے جاتے ہیں جو دل میں ایک بہت ہی روشن موم بتی کی طرح مسلسل چمکتی ہے یا سر کے گرد روشنی کا دائرہ یا ان کے گرد آگ کی دیوار ہے۔ جب ایک مسیحی ساتھ چل رہا ہوتا ہے، تو ہم فرشتوں کو اس کے ساتھ ساتھ چلتے ہوئے دیکھتے ہیں، ایک دائیں، ایک بائیں اور ایک پیچھے۔ یہ ہمارے لیے اس کے قریب آنا ناممکن بنا دیتا ہے۔

ہم کامیاب ہونے کا واحد طریقہ یہ ہے کہ ہم مسیحی گناہ کریں، اس طرح ہمیں اندر آنے کے لیے ایک خامی فراہم کی جائے۔ اس کے پاس ہمیشہ ایک فرشتہ ہوتا ہے۔ اوہ اگر مسیحی صرف وہ سب کچھ جانتا ہے جو خُدا کے پاس اُس کے لیے ہے، تو وہ گناہ میں مداخلت نہیں کرے گا اور نہ ہی لاپرواہی !سے زندگی گزارے گا

- تقدس ہیج کو(Eph. 4:27(کلید: گناہ کے دروازے کھل جاتے ہیں]
]- (Prov. 25:28؛ Zech. 2:5(برقرار رکھتا ہے

پسماندہ عیسائیوں کی تشکیل .2

لوسیفر کی طرف سے مقرر کردہ چیئرمین کے طور پر، میں ان لڑکیوں کو زندہ گرجا گھروں اور رفاقتوں میں بھیجوں گا۔ یہ لڑکیاں اچھی طرح سے ملبوس ہوں گی اور تبلیغ کے بعد قربان گاہ کی دعوت کے لیے باہر آئیں گی، مسیح کو حاصل کرنے کا بہانہ کریں گی اور ان کے لیے دعا کی جائے گی۔ رفاقت یا خدمت کے اختتام پر وہ اس مبلغ کے انتظار میں گھومتے پھریں گے جو قدرتی طور پر ان نئے تبدیل ہونے والوں کے لیے بہت خوش ہوگا۔
مذہب تبدیل کرنے والے مبلغ کی پیروی اس کے گھر تک کر سکتے ہیں۔ اگر مبلغ میں فہم کی روح نہیں ہے تو وہ اسے زنا یا زنا کے گناہ میں پھنسائے گی۔ یہ اس وقت ہوتا ہے جب وہ اس کی ہوس سے تعریف کرتا ہے۔ وہ اس بات کو یقینی بنائے گی کہ وہ اس گناہ میں اس وقت تک جاری رہے جب تک کہ وہ ،آخر کار اس میں خُدا کی روح کو بجھا نہیں دیتی اور پھر اسے چھوڑ دیتی ہے مشن پورا ہو گیا۔ وزراء کے لیے
حفاظتی **اقدامات :کبھی اکیلے مشورہ نہ کریں۔ مرئی ملاقات کی جگہیں؛ شریک حیات / بزرگ موجود؛ آنکھوں / دل کی حفاظت کرو - میٹ۔]ثم۔ 3:2؛ ثابت 4:23۔ 1 ;5:28**

اس موقع پر میں ایک وزیر کی گواہی دینا چاہوں گا۔ شیطانی روح کی دنیا میں وہ خدا کے آدمی کے طور پر جانا جاتا ہے۔ جب وہ گھٹنوں کے بل جاتا تو ہم میں الجھن پیدا ہو جاتی۔ اس لیے ہم نے ان لڑکیوں کو اس کے پاس بھیجا۔ یہ آدمی ان کو کھانا بھی کھلاتا تھا لیکن لالچ میں آنے سے انکار کر دیتا تھا۔ انہوں نے ہر ممکن کوشش کی لیکن کبھی کامیابی نہیں ہوئی۔ نتیجتاً ان لڑکیوں کو ان کی ناکامی پر قتل کر دیا گیا۔
میں پھر ایک عورت میں بدل گیا اور اس کے پاس گیا، اور الفاظ کے ذریعے حرکات نے اسے پھنسانے کی کوشش کی، لیکن وہ اٹل تھا۔ یہ میرے لیے بہت

زیادہ تھا، اس لیے میں نے اسے جسمانی طور پر قتل کرنے کا فیصلہ کیا۔ ایک دن، یہ وزیر اوڈیوکپے روڈ بازار کے شہر گئے ۔ میں نے اسے دیکھا اور جب وہ کچھ اشیاء کی قیمت لگانے کے لیے نیچے جھکا تو میں نے تیل کے ڈرموں سے لدے ایک آنے والے ٹریلر کو مارکیٹ میں لے جایا جہاں وہ تھا۔ ٹریلر NEPA کے ہائی ٹینشن پول سے ٹکرا گیا اور سیدھا مارکیٹ میں گرا، جس سے بہت سے لوگ ہلاک ہو گئے، لیکن یہ وزیر بچ گیا۔ وہ کیسے بچ گیا یہ ایک معجزہ تھا۔ ایک اور دن، میں نے اسے Nkpor شہر جاتے ہوئے دیکھا۔ میں نے اسے پیدل مارنے کے لیے ایک بار پھر ایک فوجی لاری کا پہیہ دیا جس پر یام لدی ہوئی تھی۔ لاری سیدھی نئی قبرستان والی سڑک پر چڑھ گئی، کئی لوگ مارے گئے لیکن یہ وزیر پھر بچ گیا۔ اس دوسری کوشش کے بعد ہم نے ہار مان لی۔ وہ ابھی تک زندہ ہے!

ایک مسیحی کی وجہ سے، شیطان بہت سی روحوں کو تباہ کرنے کا فیصلہ کر سکتا ہے، یہ سوچ کر کہ وہ اسے مار سکتا ہے، لیکن وہ ہمیشہ ناکام رہتا ہے۔ یہ واقعات بہت سے عیسائیوں کے ساتھ پیش آئے جو ان سے ناواقف تھے، لیکن ان کے خدا نے ہمیشہ انہیں نجات دی۔ مصیبت یہ ہے کہ شیطان ہمت نہیں ہارتا۔ اس کے خیالات ہمیشہ ہوتے ہیں: "میں کامیاب ہوسکتا ہوں۔" لیکن وہ کبھی نہیں کرتا۔ جب تک عیسائی خدا کی محبت کے ساتھ چلتا ہے اور اس میں قائم رہتا ہے اور اس زندگی کے معاملات میں الجھا نہیں جاتا ہے، شیطان کبھی کامیاب نہیں ہو سکتا، چاہے وہ کتنی ہی کوشش کرے۔ اس کے اختیار میں صرف کافر ہے۔

حوصلہ افزائی :الہی تحفظ حقیقی ہے—زبور۔ 91; عیسیٰ 54:17; 2 [سلاطین 6:16-17]۔

عیسائیوں پر ظلم

یہ زیادہ تر خوابوں میں ہوتا ہے۔ ایک عیسائی اپنے خوابوں میں مندرجہ ذیل چیزیں دیکھ سکتا ہے:

1. ایک مردہ رشتہ جو اس سے ملنے آتا ہے۔
2. نقاب پوش اس کا تعاقب کر رہے ہیں۔
3. ساتھی دریا میں تیر رہے ہیں۔
4. ساتھی کھانا لا رہے ہیں اور اسے کھانے کے لیے کہہ رہے ہیں۔
5. اکیلی عورت جنسی تعلق رکھتی ہے یا شادی شدہ بھی کسی مرد کے ساتھ جنسی تعلق رکھتی ہے۔

اگر اس سے نمٹا نہ جائے تو بعض اوقات بانجھ پن کا باعث بنتا ہے۔ یا حاملہ عورت اپنے آپ کو کسی مرد کے ساتھ ہمبستری کرتے ہوئے دیکھتی ہے۔ اگر اس سے فوری طور پر نمٹا نہ جائے تو اسقاط حمل ہو سکتا ہے۔

اگر کسی مسیحی کو اپنے خوابوں میں مذکورہ بالا باتوں کا تجربہ ہوتا ہے تو اسے ہاتھ کی لہر سے ایک طرف نہیں رکھنا چاہیے، بلکہ نیند سے باہر آنے پر اسے خود کو جانچنا چاہیے اور خدا کے سامنے کسی بھی معلوم گناہ کا اعتراف کرنا چاہیے، ان تمام شیاطین کو باندھنا چاہیے اور خدا سے جو کچھ بھی چھیڑ چھاڑ کیا گیا ہے اسے بحال کرنے کے لیے دعا کرنا چاہیے۔ یہ بہت ضروری ہے۔ اس شخص کو ایک بالغ روح سے بھرے مسیحی کی مدد اور مشورہ بھی حاصل کرنا چاہیے، جو ایمان میں بوڑھا ہو۔ جاگنے پر
،ایکشن **پلان: (1) یسوع کے نام پر ترک کریں/ منع کریں (لوقا 10:19) خون کی التجا کریں (مکاشفہ 12:11)، (3) دعا میں عہدوں کو)2(منسوخ کریں (عیسیٰ 28:18)، (4) اگر ممکن ہو تو میل جول لیں (1]کور. 11)، (5) پادری کا احاطہ حاصل کریں۔**

شیطان کی روح جیتنا

جب یسوع مسیح اس زمین کو چھوڑ رہے تھے؛ اُس نے اپنے شاگردوں کو ایک حکم دیا: ’’تمام دنیا میں جاؤ اور تمام قوموں کو شاگرد بناؤ۔ جب کہ کچھ عیسائی ابھی تک اس حکم کی تعمیل کے لیے زیادہ موزوں اور سہل وقت کا انتظار کر رہے ہیں، شیطان نے بھی یہ حکم اپنے ایجنٹوں کو دے دیا ہے۔ فرق یہ ہے کہ شیطان کے ایجنٹ عیسائیوں سے زیادہ روحیں جیتنے میں سنجیدہ !ہیں

شیطان کی روح جیتنے والے علاقوں میں سے ایک سیکنڈری اسکول، خاص طور پر لڑکیوں کے اسکول ہیں۔ ہماری کچھ لڑکیوں کو سکولوں میں طالب علم بنا کر بھیجا جاتا ہے۔ ہم انہیں تمام جدید اور مہنگے زیر جامہ فراہم کرتے ہیں۔ یہ پہلی ترجیح ہے، کیونکہ لڑکیوں کے ہاسٹلز میں وہ صرف انڈرویئر استعمال کرنا پسند کرتی ہیں۔ ہمارے ایجنٹ کے پاس کبھی بھی کسی چیز کی کمی نہیں ہوگی، کاسمیٹکس، کپڑے، زیر جامہ، کتابیں، رزق اور پیسے۔ کسی بھی طالب علم کو جو اس سے صابن کی درخواست کرے اسے قرض دینے کے لیے اسے نہانے کا ایک خاص صابن دیا جائے گا۔ ایک لڑکی جو اس

جیسی بننے کی خواہش رکھتی ہے اس کی طرف متوجہ ہوگی اور اس سے دوستی کرے گی۔ آہستہ آہستہ ہمارا ایجنٹ ہمیں اس سے ملوائے گا۔ اس وقت ہم اس سے جسمانی طور پر ملاقات کرتے اور اسے تحائف دینا اور اس کی ضروریات پوری کرنا شروع کر دیتے۔ اس کے ساتھ وہ خوشی سے ہمارے ساتھ شامل ہو جاتی۔ وہ بدلے میں ایک اور جیت جائے گی۔ اسے ایک مشن کے طور پر لیا جاتا ہے اور اسے کامیابی کے عزم کے ساتھ انجام دیا جاتا ہے۔

ایک بات واضح رہے کہ شیطان کسی کو مجبور نہیں کرتا۔ وہ جو کرتا ہے وہ آپ کو اپنی طرف متوجہ کرنے اور اپنی مرضی سے اس کے پاس آنے کے لیے کرتا ہے۔ اسی لیے بائبل کہتی ہے: ''شیطان کا مقابلہ کرو اور وہ تم سے بھاگ جائے گا'' (جیمز 4:7)۔ شیطان کے لیے روح جیتنے کا ایک اور شعبہ لفٹ دینا ہے۔ ہم اپنی لڑکیوں کو سڑک پر کھڑے ہونے کے لیے بھیجتے تھے، اور عام طور پر وہ بہت خوبصورت اور دلکش لباس پہنتی ہیں۔ آپ کو ہوٹلوں میں بھی ملیں گے اور ان راستوں سے ہمیں مرد و خواتین ملتے ہیں۔ بہت سے لوگوں کو ہم کاغذات میں گمشدہ کے طور پر مشتہر کرتے ہوئے دیکھتے ہیں، وہ لڑکیوں کو لفٹ دے کر گم ہو گئے جنہیں وہ نہیں جانتے تھے۔

اس لیے آپ کو محتاط رہنا چاہیے کہ آپ اپنی کار میں کس کو اٹھاتے ہیں۔

چرچ پر چارج :اسکولوں اور نوجوانوں کو بے ہنگم نہ چھوڑیں - کیمپس میں شاگردی، محفوظ رہنمائی، اور والدین کی چوکسی متعین کریں (امثال 22:6؛ 2 تیم 3:14-15)۔ اجنبیوں کے ساتھ وار حدود کی مشق]"کریں /" لفٹیں

فوری وزارت کے اوزار)ایک صفحہ(

- **جب خدمت میں خلفشار آتا ہے** :ایک پچھلی قطار کی شفاعت کرنے والی گھڑی تفویض کریں، نرمی سے آغاز کریں، روح میں خاموشی سے دعا کریں (افسی 6:18)۔
- **جب ہوس /لالچ قریب آتا ہے** :فرار (2 ٹم. 2:22)، اعتراف کریں، فوری طور پر احتسابی ساتھی کو کال کریں۔
- **جب ظالمانہ خواب آتے ہیں** :بلند آواز سے دعا؛ معاہدوں کو توڑنا؛ پڑھیں 91/ عیسیٰ۔ 54; کمیونین لے لو Ps دروازے پر مسح کرنا؛ بزرگوں سے دعا مانگیں (جیمز 5:14-16)۔

- **جب رفاقت میں الجھن /جھگڑا بڑھتا ہے** :توقف ایجنڈا؛ 10 منٹ کی حمد اور کلام پڑھنا؛ مشن کی توثیق؛ اتحاد کے لیے دعا کریں (زبور 133؛ یوحنا 17)۔
- **نوجوانوں کا تحفظ** :شاگردی کے ذریعے شائستگی کی ثقافت شرم کی بات نہیں۔ ڈیجیٹل/میڈیا گارڈریلز؛ ہفتہ وار ورڈ کلب؛ لڑکیوں کے لیے تربیت یافتہ خواتین اساتذہ، لڑکوں کے لیے مرد سرپرست۔

قلعہ بندی کی دعا

خُداوند یسوع، آپ میرے ہتھیار اور میری فتح ہیں۔ میں ہر کھلے دروازے کو گناہ یا لاپرواہی سے بند کرتا ہوں۔ مجھے سچائی، راستبازی، امن کی خوشخبری، ایمان، نجات، اور خُدا کا کلام پہناؤ۔ میرے ہاتھوں کو جنگ اور میرے دل کو پیار کرنا سکھاؤ۔ میں شیطان کا مقابلہ کرتا ہوں؛ اسے بھاگنا ،چاہیے۔ آگ کی دیوار مجھے اور میرے گھر والوں کو گھیر لے۔ مجھے پاکیزگی سمجھداری اور دلیرانہ گواہی میں قائم کر۔ آمین۔)افسیوں 10:6-18؛ زبک (؛ جیمز 2:54:7

باب 5 :یسوع مسیح کے ساتھ میری ملاقات

(اصل گواہی مختصر عکاسی کے ساتھ محفوظ ہے)

،فروری 1985 کے مہینے میں، ہماری سمندر میں معمول کی ملاقات ہوئی جس کے بعد میں نے اپنے آنجہانی چچا کی بیوی سے ملنے کے لیے ریورز اسٹیٹ کے پورٹ ہارکورٹ جانے کا فیصلہ کیا۔ میں انتھونی نامی شخص سے ملا، اس ،کی نوجا جنکشن پر ایک ورکشاپ ہے ، ٹرانس عمادی روڈ، پورٹ ہارکورٹ ریورز اسٹیٹ کے ساتھ، اس نے مجھے بلایا اور جب سے میں نے اپنی سوسائٹی میں کال کرنے سے انکار کرنے کا فیصلہ کیا، تب سے میں نے قانون سے انکار نہیں کیا۔ اس ہفتے کی ایک دوپہر اس نے یہ کہہ کر شروع کیا کہ وہ اپنی بائبل لے کر آیا (ایک مرد اور دو عورتیں) اور مجھے یقین نہیں آیا کہ وہ مجھے نماز کے لیے جھکائے بیٹھا ہے
۔ خدا کی روح نے گرا اور میں نے ایک لوہے کی طرح کھڑا کیا، میں نے باہر دیکھا اور ہماری خفیہ سوسائٹی کے تین افراد کو دیکھا، وہ انسانی شکل میں آئے اور خدا کی طاقت کی وجہ سے داخل نہ ہو سکے۔

نوٹ :جہنم بھی خدا کے اختیار کی حد کو نہیں توڑ سکتی (زبور 91:1-3؛]
]لوقا 10:19)۔ مسح کرنے سے جوئے ٹوٹ جاتے ہیں۔

مجھے یقین ہے کہ سمندر میں خطرے کی گھنٹی نے انہیں پریشانی سے آگاہ"
'کیا اور ٹی وی سے وہ جانتے تھے کہ مسئلہ کہاں ہے اور انہوں نے 'بے اختیار
ریسکیو ٹیم کو بھیجا تھا۔ ایسا ہمیشہ ہوتا ہے جب کوئی ممبر مشکل میں
پڑ جاتا ہے۔ جب کہ دو عیسائی مردوں نے مجھے گھٹنوں کے بل نیچے کھینچ
لیا، لڑکیاں دعائیں کرتی رہیں اور بدروحوں کو باندھتی رہیں، لیکن وہ
مخصوص نہیں تھے۔ انہوں نے مجھ سے پوچھا کہ کیا میں نے عیسیٰ کے نام
سے انکار کیا، میں نے کہا کہ میں نے عیسیٰ کے نام سے انکار نہیں کیا، کیا میں
نے مجھ سے انکار نہیں کیا۔ انہوں نے مجھ سے میرا اپنا نام پوچھا اور میں نے
انہیں بتایا کہ انہوں نے مجھے جانے کے لیے چھوڑ دیا، اس لیے میں اسی طرح
باہر چلا گیا جس طرح میں اندر آیا تھا۔

سبق :نجات کے لیے وحی اور اختیار کی ضرورت ہوتی ہے — جذبات کی]
]نہیں۔ مخصوصیت اور سمجھ بوجھ (مرقس 9:29؛ اعمال 19:15-16)۔

چرچ کے واقعات

،اگلے دن جمعہ کا دن تھا، مجھے اسی انتھونی نے اسمبلیس آف گاڈ چرچ"
سلور ویلی، پورٹ ہارکورٹ میں ان کی رات کی نگرانی میں شرکت کے لیے مدعو
کیا تھا۔ میں نے یہ دعوت قبول کی کیونکہ چرچ کی خدمات میں نیند اور
الجھن پیدا کرنے کے لیے شرکت کرنا ہماری اسائنمنٹ کا حصہ تھا۔ پروگرام
کورس کے ساتھ شروع ہوا۔ ہم نے گایا جب تک کہ ایک مخصوص طاقت
کے بغیر مسیحی بینڈ کے ایک دوسرے رکن کی طاقت کے بغیر ہم نے گایا۔
یسوع کی طاقت کے علاوہ
میں نے ہنسنا شروع کر دیا کیونکہ جب میں نے ان کی زندگیوں پر نظر ڈالی
تو مجھے معلوم تھا کہ ان کی زندگیوں کے گناہوں کی وجہ سے ان کو شدید
نقصان پہنچایا جا سکتا ہے۔

بصیرت :پاکیزگی کے بغیر تعریف آسمان کا شور ہے (اشعیا 1:15؛ یوحنا
]۔ تقدس عبادت گزاروں کی ڈھال ہے۔)4:24

اس خدمت میں ہم چار سمندر سے تھے اور ان کے ساتھ گا رہے تھے اور"
تالیاں بجا رہے تھے۔ میں یہاں ایک بار پھر اس بات پر زور دینا چاہتا ہوں کہ
جب کوئی سروس شروع کی جائے تو ممبران کو پہلے اپنے گناہوں کا اعتراف کرنے
کا مشورہ دیا جائے، پھر خدا کی حقیقی تعریف کے دور میں جانا چاہیے، اس
سے شیطان کے ایجنٹ کو بہت تکلیف ہوتی ہے اور حقیقت میں وہ اپنی جان
سے بچ جاتا ہے
۔ کمزور طریقے سے گایا گیا اور چیزیں ٹکرا گئیں۔

نوٹ : اعتراف اور توبہ الٰہی آگ کو دعوت دیتے ہیں۔ جہاں تقدس نہیں ہے [
]۔(2 Chr 7:14) وہاں اندھیرا گھر میں محسوس ہوتا ہے

بھائی انتھونی نے انہیں میرے بارے میں پہلے ہی بتا دیا تھا، اس لیے تقریباً"
بجے انہوں نے مجھے میرے لیے دعا کرنے کے لیے پکارا، جیسے ہی میں 2.00
سامنے آیا تو انہوں نے عیسیٰ کے خون کی التجا شروع کر دی، میں نے انہیں
روکا اور کہا: 'خون کی درخواست نہیں کرنا اس کا حل ہے، میں ایک گہری
خفیہ سوسائٹی کا رکن ہوں، اگر آپ راضی ہو جائیں کہ آپ مجھے نجات
دلائیں گے، تو کیا میں نیچے آؤں گا۔' یہ الفاظ جو میں نے کہے تھے وہ پہلے سے
سوچے گئے نہیں تھے۔

وضاحت : خون چھڑاتا ہے اور ڈھال۔ یسوع کے نام میں اختیار فتح کو نافذ [
]کرتا ہے (مکاشفہ 12:11؛ مرقس 16:17-18)

وہ راضی ہو گئے اور میں نے گھٹنے ٹیک دیے۔ اس وقت ایک بہن جو روح خدا"
کی قیادت میں چل رہی تھی چیخ کر بولی: 'اگر تم اس قابل نہیں ہو تو
قریب مت آنا!' ... گناہ میں رہنے والے ایک مسیحی کے لیے بدروحوں کو نکالنا
خطرناک ہے اور کچھ لوگ میرے لیے دعا کرنے کے لیے باہر نکلے جیسے ہی
انہوں نے 'یسوع کے نام پر' شروع کیا، میں نے اپنے اندر ایک بڑا دھماکا سنا اور
فرش پر گرا... دو مخالف قوتیں حرکت میں آئیں اور ماحول بدل گیا۔

نوٹ : صرف صاف برتن ہی دیرپا اختیار رکھتے ہیں (2 تیم 2:21)۔ نجات [
]مقدس جنگ ہے۔

ایک بدروح مجھ میں سے نکلی اور ان کے درمیان ایک لڑکا تھا... بھائیوں نے"
کبھی اس کے ساتھ وقت ضائع نہیں کیا بلکہ وہ اسے اور دوسروں کو جو

ڈرتے تھے چرچ کے سامان میں لے گئے اور انہیں اندر بند کر دیا۔ یہ صبح 7.00 "بجے تک جاری رہا... وہ یہ مان کر دھوکہ کھا گئے کہ میں نجات پا گیا ہوں۔

سبق :فہم کلیدی ہے؛ کچھ نجات جزوی یا نقلی ہیں اگر جڑوں پر توجہ نہ [ ]دی جائے (لوقا 24:11-26)۔

میں جسمانی طور پر اتنا کمزور تھا کہ مجھے چرچ سے باہر نکلنا مشکل تھا۔" لیکن کچھ ایسا ہوا، جیسے ہی میں چرچ سے باہر نکلا اور سڑک پار کی، میں جسمانی طور پر بہت مضبوط ہو گیا تھا۔ شاید وہاں سے کچھ بدروحیں "واپس آگئی تھیں۔ میں بہت ناراض ہوا اور چرچ سے انتقام لینے کا فیصلہ کیا۔

عکاس :دشمن آزادی سے پہلے سخت ترین لڑتا ہے۔ لیکن خدا بظاہر ناکامی [ ]کے باوجود بھی الہی گھات لگاتا ہے (جنرل 50:20)۔

لاگوس کے راستے میں

اوماگوے پہنچتے ہی ، بین الاقوامی ہوائی اڈے کے جنکشن پر، میں نے ایک سے پکار رہی تھی۔ ... میں ابھی 'NKEM' آواز سنی جو مجھے اپنے آبائی نام سوچ ہی رہا تھا کہ دوبارہ آواز آئی: 'این کے ای ایم، کیا آپ مجھے دوبارہ دھوکہ دینے والے ہیں؟' ... اچانک مجھے شدید بخار ہو گیا... اویری کے اموکپا میں، میں ٹیکسی کے اندر گر گیا۔

نوٹ :خدا کی رحمت ہمیں درمیانی سفر میں روکتی ہے—ساؤل کا دمشق [ ]لمحہ (اعمال 9:3-6)

اس کے بعد مجھے معلوم ہوا کہ دو آدمی، لمبے اور بڑے، مجھے لینے آئے" تھے... 'تم ایک مطلوب آدمی ہو!' ... ہم ایک بہت بڑی اور لمبی عمارت کی طرف بڑھے جو ایک کانفرنس ہال کی طرح نظر آتی تھی۔... میں نے دیکھا کہ ایک چاند اور ستارے سورج کو گھیرے ہوئے ہیں۔ ... پھر چاند دوبارہ تخت '!پر چلا گیا اور پھر اس پر بیٹھنے والے نے دوبارہ کہا: 'آؤ

،**تشریح :**یہ موت سے زندگی کا ایک کلاسک مقابلہ ہے—جسم کو معلق]
]روح مسیح کی کرسی کے سامنے کھینچا گیا ہے (2 کور 5:10)

روحانی صفائی

،میں ایک مقام پر چلا گیا اور اس نے تخت سے باہر میری طرف قدم بڑھایا" ایک کے بعد ایک میری ٹانگیں ہٹائیں اور جو کچھ ان کے اندر تھا اسے انڈیل کر واپس کھڑا کیا... میں نے اپنے ذہن میں سوچا کہ یہ کون ہو سکتا ہے اور "اسے کیسے معلوم ہوا کہ یہ چیزیں کہاں رکھی ہوئی ہیں۔

مطلب :خُداوند شیطانی امپلانٹس کو جڑ سے اکھاڑ پھینکتا ہے اور اُن کی]
]جگہ اپنی مکملیت رکھتا ہے—حزقی ایل 36:26۔

اس کے بعد وہ اپنے تخت پر واپس چلا گیا اور مجھ سے آنے کو کہا۔... اس نے" کہا: 'ہاں، لیکن میں تمہیں دکھاؤں گا جو تمہارے ذہن میں ہے۔' ... یہ شخص مجھے ایک کمرے میں لے گیا اور ایک بلیک بورڈ کی طرح کچھ کھولا۔... مجھ سے پہلے وہ سب کچھ لکھا گیا تھا جو میں نے عیسائیوں کے خلاف بنایا تھا اور میرا منصوبہ اسمبلی آف گاڈ چرچ، سلور ویلی کے خلاف تھا۔

سبق :خدا کی آنکھوں کے سامنے کچھ بھی پوشیدہ نہیں ہے (عبرانیوں]
]۔ اعتراف اور توبہ بورڈ کو مٹا دیتے ہیں۔)4:13

الٰہی انکشافات

وہ تخت سے باہر آیا اور مجھے اپنے ہاتھوں سے پکڑا اور کہا کہ وہ مجھے" کچھ چیزیں دکھانے والا ہے۔... 'میں چاہتا ہوں کہ تم ہلاک نہ ہو بلکہ تمہیں بچانا چاہتا ہوں اور یہ تمہارا آخری موقع ہے۔' ... جب اس نے یہ کہا، تب میں نے جانا کہ وہ یسوع مسیح ہے۔

فضل :یہاں تک کہ سب سے زیادہ ناپاک کو بھی آخری بار کہا جا سکتا]
]ہے۔ رحم اب بھی التجا کرتا ہے (یسعیٰ 1:18)۔

"ہم ایک کمرے میں داخل ہوئے اور اس نے ایک پردے کی طرح کچھ کھولا۔ میں نے پوری دنیا کو دیکھا... ہم دوسرے کمرے میں گئے... اس نے ان لوگوں کو 'منافق' کہا۔ ... ہم ایک تیسرے کمرے میں چلے گئے... 'یہ وہ لوگ ہیں جو اپنے انعامات کے منتظر ہیں۔' ... ہم ایک چوتھے کمرے میں گئے... ایسا لگ رہا تھا کہ ایک پورا شہر آگ میں جل رہا ہے۔... اس نے ان کا نام .Rev میں لکھا ہے۔ 21:8

— **انتباہ :**گواہی صحیفے کی مستقل گواہی کے ساتھ مطابقت رکھتی ہے]
]جہنم اور جنت حقیقی منزلیں ہیں (میٹ 25:41-46)۔

"ہم پانچویں کمرے میں گئے اور جب اس نے پردہ کھولا تو جو کچھ میں نے دیکھا اسے صرف جلالی ہی کہا جا سکتا ہے... اس نے کہا: 'یہ سنتوں کی امید ہے، کیا آپ وہاں ہوں گے؟' میں نے فوراً جواب دیا 'ہاں!' ... اس نے کہا: جاؤ اور گواہی دو کہ میں نے تمہارے لیے کیا کیا ہے۔

کمیشن :ہر حقیقی ملاقات ایک مینڈیٹ کو جنم دیتی ہے - "جا کر]
بتاؤ۔ "(مرقس 5:19)۔

زمین پر واپسی

"دوبارہ، وہ مجھے دوسرے کمرے میں لے گیا... 'ڈرو مت، جاؤ، میں تمہارے ساتھ رہوں گا۔' وہ مجھے ہال سے باہر لے گیا اور غائب ہو گیا، اور میں ایک دوسرے آدمی کے گھر میں ایک بستر پر اٹھا۔... اس شخص نے پھر بتایا کہ کس طرح میں ٹیکسی میں گرا اور کس طرح وہ مجھے اویری میں کیتھولک کیتھیڈرل تک لے گئے۔... پھر وہ شخص مجھے اپنی گاڑی میں اپنے گھر لے گیا اور انتظار کر رہا تھا۔... میں دو دن سکون سے رہا اور اس کی بیوی کے ساتھ اس مہربان کے گھر میں دو دن تک رہا۔ موٹر پارک۔"

مشاہدہ :الہی تقرریوں میں اکثر اجنبی شامل ہوتے ہیں جو روح کے ذریعے]
منتقل ہوتے ہیں—Heb 13:2 -[

خداوند نے میرے سفر کے بارے میں جو کچھ مجھے دکھایا وہ یکے بعد" دیگرے ہوا۔... میں نے اطاعت کی اور اگلی صبح لاگوس سے پورٹ ہارکورٹ کے لئے روانہ ہوا۔ میں اکثر اپنے آپ سے پوچھتا ہوں کہ خداوند مجھ جیسے آدمی کو کیوں بچائے گا؟ ایک بہت ہی شریر اور تباہ کن آدمی، شیطان کا ایجنٹ! مجھے ان تین الفاظ میں جواب ملا: **خدا محبت ہے۔** بے شک، خدا محبت ہے!" (1 جان: 4:4)

حتمی نوٹ :حتمی مکاشفہ فیصلہ نہیں بلکہ محبت ہے—یوحنا 3:16؛] رومیوں 5:8۔

آج کے لیے روحانی چابیاں

1. **اختیار :**جانیں اور مسیح میں اپنے قانونی حق کا استعمال کریں (لوقا 10:19)۔
2. **پاکیزگی :**توبہ بکتر کو برقرار رکھتی ہے۔ گناہ دوبارہ داخلے کی دعوت دیتا ہے۔
3. **تفہیم :**ہر روحانی مظہر الہی نہیں ہے۔ تمام روحوں کو آزمائیں (1 یوحنا 4:1)۔
4. **کمیونٹی :**نیک سفارشیوں کے ساتھ کارپوریٹ دعا میں نجات سب سے محفوظ ہے۔
5. **گواہ :**ہر نجات گواہی کا تقاضا کرتی ہے - خاموشی دشمن کی مدد کرتی ہے۔

مکمل ہتھیار ڈالنے کی دعا

خداوند یسوع مسیح، میں آپ کو واحد حقیقی رب اور نجات دہندہ تسلیم کرتا ہوں۔ مجھے تاریکی کے ہر عہد سے چھڑانے کے لیے تیرا شکریہ۔ میں اپنی جان، جسم، روح اور روح تیرے حوالے کرتا ہوں۔ دشمن کے ہر پوشیدہ امپلانٹ کو ہٹا دیں؛ مجھے اپنے خون سے پاک کر۔ مجھے روح القدس سے بھر دو۔ اور دوسروں کو آزاد کرنے کے لیے مجھے استعمال کریں۔ میری زندگی گواہی دے کہ **خدا محبت ہے** ۔ آمین۔

(یوحنا 3:16 •1 یوحنا 4:8 •افسیوں 6:10-18)

باب 6 :فتنه اور فتح

میری بھیڑیں میری آواز سنتی ہیں، اور میں انہیں جانتا ہوں، اور وہ میرے" زندگی اور وہ کبھی پیچھے چلتی ہیں: اور میں انہیں ہمیشه کے لیے دیتا ہوں فنا نہیں ہوں گے، نه کوئی اُن کو میرے ہاتھ سے چھین سکے گا» یوحنا 10:27-28

تبصرہ :**یه وعدہ پورے باب کو ترتیب دیتا ہے: یسوع کی گرفت کسی بھی]جوابی حملے سے زیادہ مضبوط ہے (یوحنا 10:27-28)۔]**

میرے مسیح میں تبدیل ہونے کے بعد، سب سے پہلے جو ہوا وہ سمندر کے تمام تحفے، ٹیلی سکوپ، ٹی وی، شرٹس، تصویریں جو میں نے سمندر کی تجربه گاہوں کے اندر لی تھیں اور ساحل کی ملکه کی تصویر جو میرے فلیٹ میں آویزاں تھی غائب ہو گئی۔
تبصرہ :**اعمال 19:19— خفیه نمونے طاقت کھو دیتے ہیں اور انہیں]ضائع کر دینا چاہیے۔ خُداوند اکثر اُنہیں خود مختاری سے ہٹا دیتا ہے۔]**

پورٹ ہارکورٹ واپسی پر، مجھے گواہی دینے کی خواہش تھی که خُداوند نے میرے لیے کیا کیا تھا لیکن چرچ میں جانے کی اجازت نہیں تھی۔ میرے مرحوم چچا کی بیوی، جو که ایک عیسائی بھی ہے، مجھے ایک پادری کے پاس لے گئی، لیکن اس نے جو سوال کیا وہ یه تھا: "کیا وہ کاغذ لے کر آئے تھے؟" بعد 'میں میں سمجھ گیا که جس کاغذ سے اس کا مطلب تھا وہ 'ممبرشپ لیٹر تھا۔ رکنیت کے خط کا میرے مسیح کی طاقت کی گواہی دینے سے اور اس نے میرے لیے کیا کیا ہے۔ خُدا، مجھے تاریکی کی طاقت سے اپنے پیارے بیٹے کی بادشاہی میں ترجمه کرنے سے کیا تعلق ہے، جس میں مجھے اُس کے خون کے ذریعے نجات ملی، یہاں تک که میرے گناہوں کی معافی؟
تبصرہ :**بیوروکریسی خدا کے لمحات کو کھو سکتی ہے۔ پھر بھی، گواہی]صحیفه ہے (مکاشفه 12:11)؛ وقت اور چرواہے کا معامله۔]**

مجھے افسوس ہوا، یه جان کر که شیطان نوجوان مذہب تبدیل کرنے والوں کو گواہی دینے کی اجازت نہیں دیتا، خاص طور پر وہ لوگ جو پہلے اس کی سرگرمیوں میں گھرے ملوث تھے، اور ایسی شہادتوں کو روکنے کے لیے ہر

ممکن کوشش کریں گے۔ مجھے ایک بار پھر یاد آیا، رب نے مجھے واضح طور پر ہدایت کی تھی کہ "جا کر گواہی دو کہ میں نے تمہارے لیے کیا کیا ہے" اور یہاں مجھے مسترد ہونے کا سامنا کرنا پڑا۔ شاید ابھی وقت نہیں آیا تھا۔ لہذا میں نے کسی کو بھی اپنی گواہی دینے کا فیصلہ کیا۔ میں نے تین تاجروں کے N160,000 ساتھ ابا سے ٹوگو تک تجارتی سفر کے لیے سفر کیا۔ وہاں میں نے (ایک سو ساٹھ ہزار نائرہ) کا سامان خریدا۔ اس رقم میں سے میری ذاتی رقم ابا کے تاجروں سے ادھار لی گئی تھی۔ N90,000 تھی جبکہ باقی N70,000 میں نے جو چیزیں خریدی ان میں فیتے کے بنڈل، مختلف ادویات (خاص طور پر اینٹی بائیوٹک)، انجیکشن، تھرمامیٹر وغیرہ شامل تھے۔ نائجیریا کی سرحد پر، ہمیں کسٹمز نے پکڑ لیا اور بعد میں کچھ رشوت دینے کو کہا گیا۔ ہم نے انکار کر دیا اور سامان ضبط کر لیا گیا جس میں میرے ساتھیوں کا بھی تھا۔ چند ماہ بعد، میرے ساتھیوں کے علاوہ میرے ساتھیوں کو رہا کر ،ادا کرنے کو کہا گیا N40,000 دیا گیا۔ میں بعد میں واپس گیا اور مجھ سے ،لیکن سامان کی جانچ پڑتال کرنے پر مجھے معلوم ہوا کہ تمام قیمتی سامان لیسوں کے بنڈل، انجیکشن، ادویات وغیرہ پہلے ہی چوری ہو چکے تھے۔ میں ادا کرنے N40,000 نے بقیہ سامان کا اندازہ لگایا اور جانتا تھا کہ کسٹمز کو سے صرف نقصان بڑھے گا، اس لیے میں نے باقی سامان چھوڑنے کا فیصلہ کیا۔

تبصرہ :**جب پرانے غلاف ختم ہو جاتے ہیں، تو خُدا ہمیں اپنے راستوں پر] [(Prov 3:5-6("چلنے کی تربیت دیتا ہے، نہ کہ سابقہ "تحفظات**

جن تاجروں کے پیسے میں نے ادھار لیے تھے وہ میرا پیچھا کرنے لگے۔ کچھ نے پولیس کو بلایا، دوسروں نے قانون کو اپنے ہاتھ میں لے لیا اور میری زندگی ختم کرنے کا منصوبہ بنایا۔ اس کا واحد حل یہ تھا کہ میں اپنے بینک اکاؤنٹس کو بند کر دوں اور اپنے تمام قرضوں کو نمٹانے کے لیے تمام رقم استعمال کروں۔ خدا کے فضل سے، میں نے لاگوس میں اپنے مالک مکان کے لیے کے علاوہ تمام ادائیگی کر دی۔ میں مکمل طور پر دیوالیہ ہو گیا N1,000 اور ٹیکسی کے کرایے کے لیے 20 کوبو بھی ادھار لوں گا۔

تبصرہ :**شدید دباؤ اکثر نجات کے بعد ہوتا ہے۔ رب اسے غرور کو توڑنے]]اور نئی انحصار قائم کرنے کے لیے استعمال کرتا ہے۔**

،میں چند کاروباری عیسائیوں کے پاس گیا جن کو میں اس وقت جانتا تھا مدد طلب کرنے کے لیے تاکہ مجھے نئے سرے سے آغاز کرنے کے قابل بنایا جا سکے۔ کسی نے ہاں یا نہیں کہا، بلکہ مجھے اگلے دن بار بار آنے کے لیے کہا جائے گا جب تک کہ میں تھک نہ جاؤں یا مدد تلاش کروں۔ میں خدا کے کلام کو

نہیں جانتا تھا اور اپنے دل میں تمام الجھنوں کے ساتھ، میں بائبل کو پڑھتا تھا اور سمجھ نہیں پاتا تھا۔ ابھی سوچ ہی رہا تھا کہ کیا کروں، مجھے اپنے گاؤں سے ایک فوری فون آیا۔ میں گھر پہنچا اور دیکھا کہ جو چھوٹی سی عمارت میں قائم کر رہا تھا اسے میرے چچا نے گرا دیا ہے جو وہاں موجود تھے اور مجھے جان سے مارنے کی دھمکیاں بھی دے رہے تھے۔ مجھ میں پرانی فطرت کو چیلنج کیا گیا۔ مجھے یاد آیا جب میں خفیہ سوسائٹی کے ساتھ تھا، وہ کس طرح مجھ سے ڈرتا تھا اور میرے سامنے گھٹنوں کے بل چلا جاتا تھا۔
لیکن اب وہ جانتا تھا کہ میں ایک بدلا ہوا آدمی ہوں (وہ کیسے جانتا تھا کہ میں نہیں جانتا تھا کیوں کہ میں نے اپنی تبدیلی کے بعد سے گھر کا سفر نہیں کیا تھا) اور اب اس نے مجھے دھمکی دی۔ میں نے خُداوند کو پکارا اور کہا: تو آپ نے مجھے بچایا تاکہ مجھے مایوس کر دیا جائے اور میرے دشمنوں کو" مجھ پر خوش ہونے دیا جا سکے۔" میں رو پڑا اور سوسائٹی میں واپس جانے کا فیصلہ کیا۔

تبصرہ: **[کلاسیکی آزمائشی نقطہ—حوصلہ افزائی رجعت کو دعوت دیتی ہے۔ خُدا کے لیے ماتم کریں، غلامی میں واپس نہ آئیں (پی ایس 42)۔**

شیطان کے ایجنٹوں کے ساتھ جنگ

تبصرہ: **[مندرجہ ذیل چیزیں تبادلوں کے بعد ہونے والے جوابی حملوں اور کھڑے ہونے کے طریقے کو واضح کرتی ہیں۔]**

اس دوران ملکہ کوسٹ کے ایجنٹوں نے میرا تعاقب شروع کر دیا۔ میں نے ان کے ہاتھوں بہت تکلیف اٹھائی۔ مجھے ڈراؤنے خواب آتے تھے۔ یکم مئی 1985 کو، میری تبدیلی کے ایک ماہ بعد، تقریباً 2.00 بجے، گھر کے دوسرے لوگ سو رہے تھے۔ میں ان ایجنٹوں سے بیدار ہوا تھا۔ انہوں نے مجھے گھر سے باہر جانے کا حکم دیا۔ میں نے کہا، باہر نکلا اور وہ پیچھے پیچھے ہو گئے۔ یہ سب ایک خواب کی طرح ہو رہا تھا لیکن یہ حقیقت میں تھا۔ ہم ابا روڈ، پورٹ ہارکورٹ سے دور سینٹ پال کے اینگلیکن چرچ کے قبرستان میں چلے گئے۔

تبصرہ: **[نیند کے وقت میں ہیرا پھیری اور مجبوری عام ہے۔ یسوع میں اختیار اسے توڑتا ہے (لوقا 10:19)۔]**

وہاں پہنچ کر انہوں نے کہا: "آپ کو واپس آنا چاہیے، اگر آپ نے انکار کیا تو ہم آپ کو مار ڈالیں گے یا آپ کو مفلس بنا دیں گے۔" اس ہدایت کے بعد وہ

چلے گئے۔ میں نے اپنے حواس بحال کیے اور سوچا کہ میں قبرستان میں کیسے آیا۔ میں واپس بستر پر جا کر سو گیا۔ انہوں نے دوپہر میں مجھ پر حملہ کرنے کا فیصلہ کیا۔ کبھی کبھی راستے میں چلتے ہوئے وہ مجھ سے لڑ پڑتے۔ آس پاس کے دوسرے لوگ مجھے ہوا سے لڑتے ہوئے دیکھیں گے یا مجھے اس طرح بھاگتے ہوئے دیکھیں گے جیسے تعاقب کیا جا رہا ہو۔ میں اکیلا ہی ان کو دیکھوں گا۔ یہ انہوں نے چار بار کیا اور رک گئے۔ پھر ان کی رہنما، ساحل کی ملکہ نے اقتدار سنبھالا۔ پہلے دن وہ کار میں آئی اور ہمارے گھر کے پاس کھڑی ہوئی۔ وہ اچھی طرح سے ملبوس تھی اور عام طور پر بہت خوبصورت تھی۔ آس پاس کے لوگوں نے اسے میری گرل فرینڈ مان لیا۔ وہ فوراً اندر آئی میں جانتا تھا کہ وہ کون ہے۔ وہ تقریباً 12.00 بجے دوپہر آئی جب پورا علاقہ کم مصروف تھا۔ وہ بیٹھ گئی اور دوسری چیزوں کے ساتھ ساتھ کہا: "آپ اپنے گرجا گھر جا سکتے ہیں، آپ جو بھی ماننا چاہتے ہیں اس پر یقین کر سکتے ہیں، لیکن اگر آپ مجھے ظاہر نہیں کریں گے، تو میں آپ کو اس زندگی میں آپ کی ضرورت کی ہر چیز دوں گی۔" میں صحیفے نہیں جانتا تھا اس لیے میں صرف اس کی باتیں سنتا اور دیکھتا تھا۔ اس نے التجا کی اور مجھے اپنے پاس واپس آنے کے لیے قائل کرنے کی کوشش کی۔ میں نے اسے کبھی ہاں یا نہیں کہا۔ وہ کھڑی ہوئی، اپنی گاڑی میں چلی گئی اور چلی گئی۔
تبصرہ :**دشمن خاموشی کا سودا کرتا ہے۔ افسیوں 5:11 - " کوئی رفاقت [ ]"نہیں ہے... بلکہ بے نقاب۔**

تقریباً دو بار میرے چچا کی بیوی نے یہ جانے بغیر کہ وہ کون ہے اس کی تفریح کی اور میں نے کبھی اپنے چچا کی بیوی کو یہ نہیں بتایا کہ وہ عورت کون ہے۔ اپنے آخری دورے کے دوران اس نے اپنا انداز بدل لیا۔ اس بار اس نے مجھے سخت تنبیہ کرتے ہوئے کہا کہ اس نے ان دوروں کے دوران مجھے اپنے پاس واپس آنے پر آمادہ کرنے کی کوشش کی تھی اور میں بہت ضدی رہا تھا اور یہ اس کا آخری دورہ تھا۔ اگر میں پھر بھی واپس آنے سے انکار کر دوں تو وہ اگست میں میرے پاس آئے گی اور یا تو مجھے مار ڈالے گی، یا میری شکل بگاڑ دے گی یا مجھے بے سہارا کر دے گی۔ یہ کہہ کر وہ چلی گئی۔
تبصرہ :**قائل کرنے میں ناکامی پر دھمکیاں بڑھ جاتی ہیں۔ یسعیاہ 54:17 [ ]ڈھال ہے — ثابت قدم رہیں۔**

میں ڈر گیا، چنانچہ ایک دن میں چرچ گیا اور ایک بھائی کو پکارا۔ میں نے اسے اپنے مسائل اور چرچ کے کچھ ارکان وغیرہ کے بارے میں اپنے مشاہدات سے آگاہ کیا۔ اس بھائی نے مجھے SCRIPTURE UNIONS (SU) کے دفتر کا پتہ دیا

اور کہا: "وہاں آپ کو مدد ملے گی۔" اتفاق سے وہ آخری دن تھا میں نے اس بھائی" کو دیکھا۔ میں نے اسے آج تک پورٹ ہارکورٹ میں کہیں نہیں دیکھا۔" ،میں نے ایڈریس لیا اور اگلے دن ٹیکسی لے کر نمبر 108 بونی سٹریٹ گیا جہاں دفتر ہے اور ٹائپسٹ سے ملا جس نے مجھے ایس یو روموماسی پیلگریمز گروپ کی سرگرمیوں کا سہ ماہی پروگرام دیا، جو کہ میرے قریب ترین تھا۔ اس نے کہا: "اتوار کو آؤ!" میں وہاں فیلوشپ سنٹر - سینٹ مائیکل اسٹیٹ اسکول، روموماسی - میں دوپہر 2.00 بجے تھا، یہ نہیں معلوم تھا کہ فیلو شپ 3.00 بجے شروع ہوتی ہے، لیکن میں نمازی بینڈ سے ملا، لہذا میں ان کے ساتھ شامل ہوگیا۔

،تبصرہ :**خدا اکثر آسان اقدامات کے ذریعے رہنمائی کرتا ہے — دعا مانگنا [ ]لفظ پر مبنی کمیونٹی تلاش کریں اور پلگ ان کریں۔**

کم از کم میں تمام الجھنوں سے بچ جاتا اور اپنے چچا کو بھی ایسا سبق سکھاتا کہ وہ زندگی بھر کبھی نہ بھولیں گے۔ اگرچہ میں نے فیصلہ کیا، میرے :اندر دو نمایاں خوف تھے

1. میری تبدیلی کے دوران، رب نے مجھے واضح طور پر کہا: "یہ تمہارا آخری موقع ہے۔" میرے معاشرے میں واپس جانے کا مطلب موت ہو سکتی ہے، نہ صرف جسمانی بلکہ روحانی موت بھی۔
2. اگر میں رب میں رہا تو میرے چچا مجھے جان سے مارنے کی دھمکیاں دے رہے تھے۔

میں بہت الجھن میں تھا اور مجھے مدد کی ضرورت تھی۔ میں خدا کے کلام سے ناواقف تھا اور کبھی نہیں جانتا تھا کہ کلام مذکورہ بالا کے سلسلے میں کیا کہتا ہے۔ محترم قارئین، آپ کو یہاں احساس ہوگا کہ مجھے یہ ساری الجھنیں ایک نوجوان کی حیثیت سے فالو اپ نہ ہونے کی وجہ سے تھیں۔ نوجوان مذہب تبدیل کرنے والوں کے لیے فالو اپ بہت اہم ہے اور مسیحیوں کو اسے سنجیدگی سے لینا چاہیے۔ اگر آپ جانتے ہیں کہ آپ اپنے مذہب تبدیل کرنے والوں کی پیروی نہیں کر سکتے، تو براہ کرم گواہی کے لیے باہر نہ جائیں۔
یسوع مسیح نے تین بار اس بات پر زور دیا جب اس نے پطرس سے پوچھا: "شمعون، یونس کے بیٹے، کیا تم مجھ سے ان سے زیادہ محبت کرتے ہو ؟... میرے بھیڑوں کو چراؤ۔" مناسب پیروی نہ ہونے کی وجہ سے بہت سے لوگ پیچھے ہٹ جاتے ہیں۔ اگر آپ یسوع !سے محبت کرتے ہیں، تو اُس کے برّوں کا خیال رکھیں

تبصرہ :**گرجا گھروں کو سخت نصیحت: انجیلی بشارت کو]**
]شاگردی کے ساتھ جوڑا جانا چاہیے (جان 21:15-17)

اس دن رفاقت کے بعد میں جانتا تھا کہ یہ میرے لیے صحیح جگہ ہے۔ خدا ،نے مجھے ایک عیسائی خاتون فراہم کی، جسے میں نے ماں کے طور پر لیا جس نے مجھے خدا کا کلام سمجھانے میں دلچسپی لی اور مجھے مشورہ بھی دیا۔ بھائیوں نے مجھ میں بہت دلچسپی اور دیکھ بھال کی۔ میں نے حقیقی محبت دیکھی۔ روح القدس نے مجھے کلام کی سمجھ دینا شروع کی اور میرا ایمان بڑھتا گیا۔ لیکن ساحل کی ملکہ نے دھمکی دی تو وہ سامنے نہیں آئیں۔ زبور 91، خدا کا تحفظ، میری زندگی میں پورا ہوا۔ یسعیاہ 54:17: "کوئی ہتھیار جو تیرے خلاف بنایا گیا ہے کامیاب نہیں ہوگا؛ اور ہر وہ زبان جو تیرے خلاف عدالت میں اٹھے گی، کو مجرم ٹھہرایا جائے گا۔ یہ رب کے بندوں کی میراث ہے، اور ان کی راستبازی میری طرف سے ہے، رب فرماتا ہے۔" یہ بھی پورا ہوا۔
تبصرہ :**قائم رہنے والی کمیونٹی + صحیفہ = تحفظ اور ترقی۔ خدا اپنے]**
]کلام کو برقرار رکھتا ہے۔

،ستمبر 1985، مجھے ایک پیغام موصول ہوا کہ میرا نام سلور برانڈ سیمنٹ لاگوس میں بطور تقسیم کار ظاہر ہوا ہے اور مجھے 27/9/85 کو دفتر میں رپورٹ کرنے کی توقع ہے۔ میں 26/9/85 کو پورٹ ہارکورٹ سے نکلا اور رات کو لاگوس پہنچا۔ اگلی صبح 27/9/85 کو، میں دفتر میں صرف پرسنل مینیجر کی طرف سے یہ بتانے کے لیے گیا کہ میری مختص رقم کسی اور کو تفویض کر دی گئی ہے۔ اس نے مجھ سے اگلے دن 28/9/85 کو منیجنگ ڈائریکٹر سے ملنے کو کہا۔ میں اپنے فلیٹ کی طرف واپسی پر ایک راستے سے گزر رہا تھا کہ پیچھے سے کوئی آیا اور مجھے دبوچ لیا اور میرا دم گھٹنے کی کوشش کی یعنی میری ناک اور منہ کو پکڑ لیا۔ میں نے زندگی کے لیے جدوجہد کی اور جب لوگ وہاں سے گزرے تو کوئی بھی مجھے بچانے کے لیے نہیں آیا، لیکن رب نے مداخلت کی۔ جب میں ابھی بھی ہاتھوں سے لڑ رہا تھا میں نے اس کی چیخ سنی اور مجھے یہ کہتے ہوئے دور دھکیل دیا: "وہ شخص تمہارے پیچھے کون ہے؟" اس نے دوسری بار دہرایا اور غائب ہوگئی۔ آواز سے میں جانتا تھا کہ یہ عورت ہے لیکن کبھی نہیں دیکھا کہ وہ کون ہے۔ میں چکرا کر اپنے فلیٹ کی طرف چل پڑا۔
+ تبصرہ :**فرشتوں کی مداخلت حقیقی ہے (پی ایس 34:7)۔ معاشی دباؤ]**
]جسمانی حملہ اکثر اکٹھے ہوتے ہیں۔

یہاں پھر میرا مالک مکان بہت غصے میں آیا اور کہنے لگا: تم میرے کرائے کے پیسے لے کر کیوں بھاگ گئے؟ میں نے اس سے التجا کی اور سمجھانے کی کوشش کی کہ فی الحال میں کام نہیں کر رہا اور جیسے ہی میرے پاس پیسے ہوں گے اس کے سارے پیسے ادا کر دوں گا۔ جس طرح اس نے رضامندی ظاہر کی اس سے مجھے لگا کہ یہ معاملہ طے پا گیا ہے۔ اگلے دن 28/9/85، میں دفتر واپس گیا اور مینیجنگ ڈائریکٹر سے ملاقات کی جنہوں نے میری جگہ کسی دوسرے کو دینے کے لیے معذرت کی۔ وہ ابھی بات کر ہی رہا تھا کہ ایک نوجوان اندر آیا اور مجھ سے پوچھا: "کیا تم ایمانوئل نہیں ہو؟" میں نے کہا: "ہاں، میں ہوں۔" اس نے کہا: "ہاں، ہم آپ کو آخر کار مل ہی گئے! کیا آپ نے دوڑنا ختم کر دیا؟ ہم نے کئی بار پورٹ ہارکورٹ کا دورہ کیا اور دیکھا کہ آپ ہمیشہ اپنی روحانی والدہ کے ساتھ رہتے ہیں۔ وہ ہمارے لیے ایک رکاوٹ تھی اور اب جب آپ لاگوس آئے ہیں تو ہم نے آپ کو پکڑ لیا ہے! آپ کبھی بھی پورٹ ہارکورٹ واپس نہیں جا سکتے۔ میں وہ ہوں جس نے آپ کو مختص کیا تھا۔" میں نے اسے چیلنج کیا اور کہا: "تم کچھ نہیں کر سکتے!" منیجنگ ڈائریکٹر حیران تھے کہ ان کے دفتر میں کیا ہو رہا ہے۔ میں نے معذرت کی اور فلیٹ کی طرف روانہ ہوگیا۔

تبصرہ :**دشمن "اوڑھنی" (روحانی مائیں/والد) کو نشانہ بناتا ہے۔ جڑے]]رہیں؛ الگ تھلگ نہ ہوں۔**

چند منٹ بعد میں نے اپنے دروازے پر دستک کی آواز سنی اور نینا اندر داخل ہوا۔ اس نے مجھ سے پوچھا کہ کیا میں پورٹ ہارکورٹ واپس جا رہا ہوں۔ میں نے ہاں میں جواب دیا۔ اس نے مجھ سے ان کے پاس واپس آنے کی التجا کی اور یہ کہ جن ملازمتوں کے لیے مجھے خاص طور پر تربیت دی گئی تھی وہ ابھی تک نامکمل پڑی ہیں: کوٹیپاری (یوروبا زبان میں)۔ مجھے تربیت دی گئی تھی:

- شیطانی طاقتوں کے ایجنٹوں کا انچارج ہونا۔
- سمندر کنٹرول روم" کا انچارج ہونا، دنیا میں ہونے والے واقعات کی" نگرانی کرنا، سگنل بھیجنا اور وصول کرنا، اور فورسز کو متحرک کرنا وغیرہ۔
- ،ساحل کی ملکہ کے ساتھ رہنا۔ اس میں نہ صرف تقاریب، قربانیاں اس کی طرف سے خصوصی اسائنمنٹس کو انجام دینا، بلکہ دوسری چیزیں بھی شامل ہیں جن کی وضاحت کرنا مشکل ہے۔

- تاریکی کی طاقتوں کی مدد سے، نئی خفیہ سوسائٹیاں قائم کرنا جو بے ضرر دکھائی دیں تاکہ نوجوانوں اور زیادہ چرچ جانے والوں کو راغب کیا جا سکے۔

اس نے کہا، اگر میں اس کا ساتھ دیتی تو جس چیز کا مجھے انتظار تھا وہ ڈبل پروموشن اور بہت سی نعمتیں تھیں۔ اس نے اعتراف کیا کہ وہ میرے سامان کے پکڑے جانے اور چوری ہونے کے ذمہ دار تھے، یہ بھی کہ انہوں نے میرے چچا کو میری عمارت کو تباہ کرنے اور میری جان کو دھمکی دینے پر اکسایا۔ کہ اگر میں اس کی پیروی کرنے سے انکار کر دوں تو وہ مزید کام کریں گے اور اس بات کو یقینی بنائیں گے کہ میں کامیاب نہیں ہوا۔ کہ انہوں نے میری روحانی ماں سے لڑنے کا فیصلہ کیا تھا: "اگر ہم اسے حاصل کرتے ہیں، تو ہم آپ کو حاصل کر لیں گے" اس نے کہا۔ اس پر میں نے اسے تبلیغ شروع کر دی۔ وہ کھڑی ہوئی اور کہا: "وہ تمہیں دھوکہ دے رہے ہیں"، اور چلی گئی۔ یہ 28/9/85 کی شام کو پیش آیا۔

تبصرہ :**فتنہ + ڈرانے والا پیکج: پروموشن کی پیشکشیں، رزق کی] دھمکیاں، اور سرپرستوں کو نشانہ بنانا۔[**

ابھی پندرہ منٹ نہیں گزرے تھے کہ میں نے ایک اور دستک سنی۔ اس بار وہ چار آدمی تھے۔ انہوں نے مجھے باہر آنے کا اشارہ کیا اور میں نے خود کو ان کے ساتھ جاتے دیکھا۔ ہم تقریباً 2 کھمبوں تک چلے اور ان میں سے ایک نے مجھ سے پوچھا: "کیا تم ہمیں جانتے ہو؟" میں نے کہا نہیں۔ اس نے جاری رکھا: "ہمیں آپ کے مالک مکان نے آپ کو مارنے کے لیے رکھا ہے۔" وہ ابھی بول ہی رہا تھا کہ ان میں سے ایک نے بندوق نکالی اور دوسرے نے خنجر نکالا۔ میں بے دفاع تھا اور جانتا تھا کہ وہ مجھے مار ڈالیں گے، لیکن خدا نے اپنے مافوق الفطرت انداز میں ایک ایسا معجزہ دکھایا جس نے مجھے اور اپنے آپ کو حیران کر دیا۔ بندوق والے شخص نے مجھ پر گولی چلائی لیکن کوئی آواز نہیں آئی۔ خنجر والے شخص نے اسے میری پیٹھ پر استعمال کیا لیکن یہ کبھی اندر نہیں آیا بلکہ ایسا لگتا تھا جیسے کسی پر ڈنڈا لگا ہو۔ وہ اتنے ہی خوفزدہ تھے جتنے میں۔ خدا کی روح مجھ پر نازل ہوئی اور میں نے تبلیغ شروع کی۔ ان میں سے تین بھاگ گئے لیکن چوتھا آدمی ٹوٹ کر رونے لگا اور التجا کرنے لگا کہ میں اس کے لیے دعا کروں۔ مجھے یہ بھی نہیں معلوم تھا کہ اس وقت کیا دعا کرنی ہے لیکن صرف اتنا کہا: "خداوند، اسے معاف کردے، بھول جائے اور معاف کردے، آمین۔" اس نے اپنی زندگی مسیح کو دے دی تو میں اسے پینٹی کوسٹل گرجا گھر لے گیا اور بتایا کہ پادری کے ساتھ کیا ہوا

ہے۔ میں نے اسے پادری کے حوالے کیا اور چلا گیا۔ جیسے ہی میں گھر میں داخل ہوا مالک مکان باہر بھاگا اور گھٹنوں کے بل التجا کرنے لگا: "براہ کرم (N1,000) مجھے معاف کر دیں۔ میں نے سوچا کہ آپ نے میرے پیسوں کی وجہ سے پورٹ ہارکورٹ بھاگنے کا فیصلہ کیا ہے۔" میں نے اسے معاف کر دیا اور آخر کار ہم نے اس بات پر اتفاق کیا کہ رقم قسطوں پر ادا کی جائے۔
تبصرہ: **[عیسیٰ 54:17 عمل میں۔ خدا حملوں کو نجات کے لمحات میں بدل دیتا ہے۔ معافی انتقام کا دروازہ بند کر دیتی ہے۔]**

اسی رات، تقریباً 2:00 بجے رب نے مجھے جگایا۔ مجھے نہیں معلوم تھا کہ میں کیوں بیدار ہوا تو میں لیونگ روم میں چلا گیا اور میں نے جو دیکھا وہ میرے سامنے ایک بڑا کچھوا تھا۔ فوراً ہی مجھے پورٹ ہارکورٹ میں کلام کی طاقت کے بارے میں بائبل کا مطالعہ یاد آگیا۔ میں نے پھر یہ الفاظ کہے: ''کچھوے، جب سے میں پیدا ہوا ہوں، کچھوے کا گھر یا تو جھاڑی ہے یا سمندر، لیکن میرے گھر میں کھڑکیاں اور دروازے بند ہونے پر تم نے گناہ کیا ہے، اور اس کے لیے تمہیں مرنا ہوگا۔'' جیسے ہی میں نے یہ کہا وہ غائب ہوگیا۔ میں واپس کمرے میں جا کر سو گیا۔ دوسری بار پھر، میں اٹھا اور کمرے میں کچھ شور سنا۔ میں گیا اور وہاں میرے سامنے ایک خوفناک گدھ کھڑا تھا۔ میں نے وہی الفاظ دہرائے اور جیسے ہی میں نے کہا: ''اس گناہ کے ارتکاب کے لیے تمہیں مرنا ہوگا،'' وہ بھی غائب ہوگیا۔ لاگوس کے اس سفر کے دوران میں نے خدا کی بھلائی، عظمت اور وفاداری کو دیکھا۔
تبصرہ: **[بولا گیا، صحیفہ سے منسلک اتھارٹی کے معاملات (میث 4:10-1)؛ ایوب 22:28]**

اگلی صبح 29/9/85، میں نے پورٹ ہارکورٹ کے لیے ایک لگژری بس لی۔ اور پہنچ کر بس ایک درخت پر چڑھ گئی۔ اسے نقصان پہنچا لیکن کسی کو نقصان نہیں پہنچا۔ ڈرائیور نے اسے باہر نکال کر سڑک پر لایا اور جیسے ہی وہ گاڑی چلا رہا تھا، بس سڑک کے ایک طرف سے دوسری طرف مڑنے لگی۔ مجھے نینا کی دھمکیاں یاد آگئیں، اس لیے میں بس میں کھڑا ہوا، مسافروں کو منادی کیا اور یہ کہہ کر نتیجہ اخذ کیا: "میری وجہ سے یہ حادثات ہو رہے ہیں۔ لیکن اب سے، عیسیٰ کے نام پر پورٹ ہارکورٹ پہنچنے تک مزید حادثات نہیں ہوں گے!" اور میں بیٹھ گیا۔ درحقیقت، جب میں بیٹھا تو میں نے سوچا کہ میں نے کیا کہا ہے۔ اور ایسا ہی تھا۔ گاڑی آسانی سے پورٹ ہارکورٹ کی طرف چلی گئی۔ مزید حادثات یا خرابی نہیں ہے۔ صحیفہ صحیح طور پر کہتا ہے: ''دیکھ، وہ ضرور اکٹھے ہوں گے، لیکن میری طرف سے نہیں: جو

بھی تیرے خلاف جمع ہوگا وہ تیری خاطر گرے گا'' (اشعیا 54:15)۔ انہوں نے (ساحل کی ملکہ اور اس کے ایجنٹوں) نے کوشش کی، لیکن چونکہ ان کا اجتماع رب کے لیے نہیں بلکہ اس کے بچے کے خلاف تھا، وہ سب ٹھوکر کھا کر گر گئے۔ ''جب دشمن سیلاب کی طرح آئے گا تو خُدا کا روح اُس کے خلاف ایک معیار بلند کرے گا'' (اشعیا 59:19)۔ میں خُدا کو اپنی طرف سے مضبوط ظاہر کرنے کے لیے تمام جلال دیتا ہوں۔

تبصرہ :**مسیح کے اختیار کے تحت ایمان کا اعتراف بحران کو مستحکم کر سکتا ہے (مرقس 11:23)۔ فائنل ڈوکسولوجی نے فتح پر مہر ثبت کردی۔** [ ]

فیلڈ گائیڈ :نجات کے بعد ترقی کی منازل طے کرنا

- **تعلق** :ایک لفظ-روح چرچ میں پلانٹ؛ رہنمائی کا پیچھا کریں.
- **تعمیر** :روزانہ صحیفہ + دعا (بلند آواز سے بولنا)؛ وقتا فوقتا تیز.
- **توڑ** :تمام پرانے عہدوں کو ترک کر دو۔ جادوئی چیزوں کو تباہ کرنا (اعمال 19:19)۔
- **حدود** :کوئی خفیہ سودا نہیں؛ خفیہ "دوستوں" کے ساتھ صفر رابطہ۔
- **جنگ** :اقرار، اشتراک، اور حکم دینے والی دعا کا استعمال کریں (ایف 6:10-18)۔
- **گواہی دیں** :اپنی گواہی کو سمجھداری سے شیئر کریں۔ یہ الزامات کو غیر مسلح کرتا ہے (مکاشفہ 12:11)۔

حفاظت اور استقامت کی دعا

خداوند یسوع، آپ میرے چرواہے ہیں۔ میں تیری آواز سنتا ہوں اور تیری پیروی کرتا ہوں۔ میں اندھیرے کی ہر دھمکی، سودے بازی اور ڈرانے کو ترک کرتا ہوں، مجھے اپنی آگ سے گھیر لے، فرشتوں کو میرے راستے پر مقرر کر اور مجھے اپنے کلام اور برادری میں قائم رکھ۔ میرے خلاف بنایا ہوا کوئی

ہتھیار کامیاب نہیں ہو گا۔ میں اب اور ہمیشہ تیرے ہاتھ میں رہتا ہوں۔
آمین۔ (یوحنا 10:27-28؛ عیسیٰ 54:17؛ پی ایس 91)

باب 7 :شیطان کے کارندوں کی سرگرمیاں

خدا کے سارے ہتھیار پہن لو، تاکہ تم شیطان کی چالوں کا مقابلہ کر سکو۔" کیونکہ ہم گوشت اور خون کے خلاف نہیں بلکہ بادشاہتوں، طاقتوں کے خلاف، اس دنیا کے اندھیرے کے حکمرانوں کے خلاف، اونچی جگہوں پر روحانی شرارت کے خلاف کشتی لڑتے ہیں۔"— افسیوں 6:11-12

یہ کتاب مکمل نہ ہو گی اگر ان طاقتوں کے کام کرنے کے مختلف طریقوں کو بے نقاب نہ کیا جائے۔ اس کے علاوہ یہ بھی ضروری ہے کہ وہ مختلف شکلیں جن میں وہ اپنے آپ کو ظاہر کرتے ہیں ان کو بے نقاب کیا جائے۔
تبصرہ :**نمائش کا مقصد تاریکی کی تسبیح کرنا نہیں ہے، بلکہ ایمانداروں]]کو سمجھداری سے آراستہ کرنا ہے (2 کور 2:11)۔**

ایک چیز واضح ہے اور وہ یہ ہے کہ شیطان یا تو آپ کو یہ ماننے کی ترغیب دے گا کہ وہ ایک افسانہ یا سادہ برے خیالات ہیں، یا آپ کو اپنی طاقتیں زیادہ اور خدا کی طاقتوں کو کم دکھائے گا۔ جب کہ بائبل کہتی ہے: "ہم گوشت اور خون سے نہیں بلکہ بادشاہتوں، طاقتوں، اس دنیا کی تاریکی کے حکمرانوں سے، اونچی جگہوں پر روحانی بدکاری کے خلاف لڑتے ہیں،" بائبل یہ بھی کہتی ہے کہ شیطان اور اس کے کارندوں کے خلاف عیسائیوں کے ہتھیار "جسمانی نہیں ہیں بلکہ خُدا کے ذریعے طاقتور ہیں جو ہر ایک مضبوط قلعوں کو گرانے کے لیے خود کو گرا دیتے ہیں ۔ خُدا کا علم، اور ہر خیال کو مسیح کی فرمانبرداری کے لیے قید میں لانا'' (2 کرنتھیوں 10:4-5)۔
تبصرہ :**مسیحی لڑائی روحانی ہے، سچائی، فرمانبرداری، اور مسیح کے]]اختیار کے ساتھ لڑی گئی- خوف نہیں۔**

ایک بار پھر صحیفے واضح طور پر اعلان کرتے ہیں: ''خُدا کا بیٹا اِسی مقصد کے لیے ظاہر ہوا کہ وہ ابلیس کے کاموں کو تباہ کرے'' (1 یوحنا 3:8)۔ اور

یسوع نے حکومتوں اور طاقتوں کو خراب کر کے، اُن پر فتح پا کر اُن کا کھلم کھلا مظاہرہ کیا۔
تبصرہ :**مسیح کی فتح پہلے ہی مکمل ہو چکی ہے۔ ہماری جنگ اس کے [ ]۔(Col 2:15) مکمل کام کو نافذ کرتی ہے**

''تُو اپنے منہ کی باتوں سے پھنسا ہوا ہے، تو اپنے منہ کی باتوں سے پکڑا گیا ہے'' (امثال 6:2) کلام پاک کہتا ہے۔ لہٰذا خُدا کے بچے کو خُدا کے کلام کا اقرار کرنے کے لیے ہوشیار رہنا چاہیے، جس کا خُدا نے وعدہ کیا ہے کہ وہ انجام دینے میں جلدی کرے گا۔
:خدا کے کلام میں تین اقرار بیان کیے گئے ہیں

1. مسیح کی ربّیت کا اقرار۔
2. کلام میں، مسیح میں اور خدا باپ میں ایمان کا اقرار۔
3. گناہ کا اقرار۔

تبصرہ :**اعتراف صرف توبہ کے بارے میں نہیں ہے - یہ الٰہی [ ]سچائی کے ساتھ ہم آہنگی ہے (روم 10:9-10)**

جب ہم لفظ ''اعتراف'' سنتے ہیں تو ہم آسانی سے گناہ کے بارے میں سوچتے ہیں۔ اعتراف کی لغت کی تعریف یہ ہے:

1. کسی چیز کی تصدیق کرنا جس پر ہم یقین رکھتے ہیں۔
2. کسی چیز کی گواہی دینا جو ہم جانتے ہیں۔
3. ایک سچائی کی گواہی جو ہم نے قبول کی ہے۔

اس لیے افسوس کا مقام ہے کہ جب بھی ہم لفظ اقرار کا استعمال کرتے ہیں تو کچھ ذہن گناہ کی طرف بھاگتے ہیں۔ مصنف یہاں خُدا کے بچے کی حوصلہ افزائی کر رہا ہے کہ وہ اقرار کرنے کے لیے آج سے آغاز کرے جو خُدا نے کہا ہے۔ تم جو گناہوں میں مُردہ تھے خُدا نے مسیح کے ساتھ مل کر زندہ کیا اور اُس نے تم کو ایک ساتھ زندہ کیا اور مسیح یسوع میں آسمانی مقامات پر بٹھایا۔ لہذا عیسائیوں کو یہ سمجھنا چاہئے کہ وہ کہاں بیٹھے ہیں۔ انہیں معلوم ہونا چاہیے کہ وہ شیطان اور اس کے کارندوں کے اوپر سے اس بلندی سے کام کر رہے ہیں۔
، تبصرہ :**ایک مومن کی جنگ اوپر کی فتح سے شروع ہوتی ہے [ ]**(Eph 2:6) **نیچے کی جدوجہد سے نہیں**

خُداوند یسوع مسیح نے آپ کو تمام اختیارات اور اختیار دیا ہے جس طرح
اُس نے آپ کو وہ سب کچھ دیا ہے جو زندگی اور خدا پرستی سے متعلق ہیں
۔ خدا نے کبھی یہ ارادہ نہیں کیا کہ حالات اس کے بچوں کو)پطرس 1:3 2(
قابو میں رکھیں، بلکہ یہ کہ مسیحی کے منہ میں خدا کا کلام اس کے حالات کو
کنٹرول کرے۔ خُدا نے جیر میں بات کی۔ 23:29 کہا: "کیا میرا کلام آگ کی
مانند نہیں ہے؟ خداوند فرماتا ہے؛ اور ہتھوڑے کی طرح جو چٹان کو ٹکڑے
ٹکڑے کر دیتا ہے ؟" عیسائیوں، میرا مطلب ہے نئے سرے سے پیدا ہونے والے
عیسائیوں کو یہ سمجھ لینا چاہیے کہ جب عیسیٰ کا نام لیا جاتا ہے تو ان کے
منہ سے جو نکلتا ہے وہ آگ ہے۔
تبصرہ :**یرمیاہ 23:29 پیشن گوئی کی طاقت کو ظاہر کرتا ہے۔ کلام خود]**
]طاقت رکھتا ہے۔

جب ایک مسیحی مسیح کی طرف سے دیے گئے اختیار پر کھڑا ہوتا ہے اور
یسوع کے نام پر حکم دیتا ہے، تو اس کے منہ سے آگ نکل جاتی ہے اور حالات
پر قابو پانے والا کوئی بھی شیطان اطاعت کرے۔ یسوع آج زندہ ہے یہ
دیکھنے کے لیے کہ اُس کا ہر لفظ پورا ہوتا ہے۔ ایک بار پھر، میں ایک اہم
،حقیقت کو اجاگر کرنا چاہتا ہوں جسے بہت سے مسیحی نظر انداز کرتے ہیں
اور جسے شیطان استعمال کر رہا ہے۔
یسوع، جب پطرس نے خُداوند کی طرف سے لعنت شدہ انجیر کے سوکھے
:درخت کی طرف اشارہ کیا، کہا

(میتھیو کا بیان)
میں تم سے سچ کہتا ہوں، اگر تم ایمان رکھتے ہو اور شک نہیں کرتے تو تم"
نہ صرف وہی کرو گے جو انجیر کے درخت کے ساتھ کیا گیا ہے، بلکہ اگر تم
اس پہاڑ سے کہیں گے کہ تو ہٹا دیا جائے اور سمندر میں پھینک دیا جائے، تو یہ
"ہو جائے گا۔ اور جو کچھ بھی تم دعا میں مانگو گے، ایمان رکھتے ہوئے ملے گا
(Matt2-2)۔

(مرقس کا بیان)
خدا پر ایمان رکھو۔ کیونکہ میں تم سے سچ کہتا ہوں کہ جو کوئی اس پہاڑ"
سے کہے کہ تو ہٹا جا اور سمندر میں ڈال دیا جائے، اور اپنے دل میں شک نہ
کرے، بلکہ یقین کرے گا کہ جو کچھ اس نے کہا ہے وہ ہو جائے گا، اس کے
پاس وہی ہوگا جو وہ کہے گا" (مرقس 22:11-23)۔

یہاں خُداوند ہمارے لیے بولے گئے لفظ کی طاقت کی نشاندہی کرتا ہے اور مسیحی کو اپنی دعاؤں اور اپنے اختیار کو استعمال کرنے میں مخصوص ہونے کی ترغیب دیتا ہے۔ کچھ عیسائی پہاڑ کو ہلنے کو کہتے ہیں لیکن پہاڑ کو نہیں بتاتے کہ کہاں جانا ہے۔ یسوع نے کہا اگر آپ پہاڑ سے کہیں گے: " تو ہٹا **جا اور** سمندر میں پھینک دیا جائے..."

آئیے مثال کے طور پر بدروحوں کو نکالنے کا معاملہ لیتے ہیں۔ کچھ مسیحی بدروحوں کو مخصوص مقامات پر بھیجے بغیر باندھ کر نکال دیتے ہیں۔ یہ خطرناک ہے۔ جب آپ کسی شیطان کو باندھتے ہیں تو وہ پابند ہوتا ہے۔ اگر آپ اسے کسی مخصوص منزل پر بھیجے بغیر باہر پھینک دیتے ہیں، تو یہ آس پاس ہی رہتا ہے۔ اگر شیطان کو صرف ایک آدمی سے ڈانٹا جاتا ہے، تو وہ بعد میں واپس آ سکتا ہے یا آس پاس کے کسی ایسے شخص میں داخل ہو سکتا ہے جو عیسائی نہیں ہے۔ لہٰذا مسیحیوں کو شیاطین سے نمٹنے کے وقت محتاط رہنا چاہیے۔ اس بات کو یقینی بنائیں کہ شیطان کو باندھ دیا گیا ہے، نکال دیا گیا ہے اور ایک مخصوص منزل پر بھیج دیا گیا ہے (اور دوبارہ داخل ہونے سے منع کریں)۔
تبصرہ :**نجات روح کی رہنمائی کے تحت کی جانی چاہیئے، فارمولہ نہیں۔ [ ]اختیار + فہم۔**

کچھ مسیحی دعا کرتے وقت کہتے: "میں تمہیں یسوع کے نام پر بدروحوں کو گرفتار کرتا ہوں۔" روحانی دنیا میں آپ واقعی شیطانوں کو اگلے حکم کے انتظار میں کھڑے دیکھتے ہیں۔ لیکن اگر عیسائی اس مقام پر رک جاتا ہے، تو اس نے متاثرہ کی مدد نہیں کی۔ شیطان کے ساتھ نہ کھیلو۔ آپ اپنے دشمن کے ساتھ نہیں کھیلتے۔ خدا نے آپ کو نجات اور مفاہمت کی وزارت پر بھیجا ہے۔ اس لیے آپ کو ایک مکمل کام کرنے کے لیے محتاط رہنا چاہیے۔
تبصرہ :**روحانی اتھارٹی کو تکمیل کے ساتھ ہونا چاہیے۔ آدھی اطاعت [ ]کھلے چھوڑ دیتی ہے۔**

میں دہراتا ہوں، جب آپ کسی شیطان کو باندھتے ہیں، تو وہ پابند ہوتا ہے۔ جب آپ اسے کسی بھی منزل پر پھینک دیتے ہیں تو ایسا ہی ہوتا ہے۔ جب تک آپ گناہ میں مداخلت نہیں کرتے بلکہ خدا کی مرضی میں رہتے ہیں، آپ شیطان یا اس کے ایجنٹوں کو یسوع کے نام پر جو بھی حکم دیتے ہیں اس کی تعمیل کرنی چاہیے۔ خدا نے وعدہ کیا ہے کہ وہ اپنے ہر لفظ کی تائید کرے

،گا۔ جب ہم اگلے مرحلے پر جا رہے ہیں، شیطان اور اس کے کارندوں کا اظہار
:میں چاہتا ہوں کہ آپ کے ذہن میں درج ذیل اقتباسات ہوں

1. ’’تم اُس میں کامل ہو جو تمام بادشاہت اور طاقت کا سربراہ ہے‘‘ ۔(Col. 2:10)
2. دیکھو، میں تمہیں سانپوں اور بچھوؤں پر چلنے کا اختیار دیتا‘‘ ہوں، اور دشمن کی تمام طاقت پر قابو پاتا ہوں، اور کوئی چیز تمہیں نقصان نہیں پہنچا سکتی۔‘‘ (لوقا 10:19)
3. دیکھ وہ ضرور اکٹھے ہوں گے لیکن میری طرف سے نہیں۔ جو بھی" تیرے خلاف اکٹھا ہوگا وہ تیری خاطر گرے گا۔ تیرے خلاف جو بھی ہتھیار بنایا گیا ہے وہ کامیاب نہیں ہوگا اور ہر وہ زبان جو تیرے خلاف عدالت میں اٹھے گی، تُو مجرم ٹھہرائے گا۔ یہ خُداوند "کے بندوں کی میراث ہے، اور اُن کی صداقت میری طرف سے ہے۔
تبصرہ :**یہ تین آیات ایک مومن کے روزمرہ کے جنگی عقیدے کی]]تشکیل کرتی ہیں — شناخت، اختیار اور تحفظ۔**

میں اس کتاب میں آپ کو دکھانا چاہتا ہوں کہ یہ شیطانی قوتیں بنیادی طور پر گرجا گھروں، بازاروں، قبرستانوں، جنگلوں، ہوٹلوں، سمندر اور ہوا میں کام کرتی ہیں۔

گرجا گھروں میں

آج ہم گواہ ہیں کہ گرجا گھروں میں بہت سے لوگ موجود ہیں۔ بعض زبانیں بولتے ہیں اور نبوت بھی کرتے ہیں۔ صرف وہی لوگ جو خدا کی روح رکھتے ہیں ان لوگوں کو پہچان سکتے ہیں۔ لیکن ہم یہاں چرچوں میں شیطان کے ایجنٹوں کے بارے میں بات کر رہے ہیں۔ ایک بار پھر، ہم ان خفیہ فرقوں کے ،ارکان پر بات نہیں کر رہے ہیں جو گرجا گھروں میں ہیں (کچھ لیڈر بھی ہیں) ہم جانتے ہیں کہ وہ وہاں موجود ہیں۔ میں ان لوگوں کی بات کر رہا ہوں جو شیطان کے ایجنٹ بن کر آتے ہیں۔

1. گرجا گھروں میں جھگڑے اور انتشار پیدا کرنا۔
2. گرجا گھروں کو بکھرنے کے لیے۔

3. وعظ کے دوران مردوں اور عورتوں کو سونا۔
4. سروس کے آن ہونے پر مختلف قسم کے خلفشار پیدا کرنا۔
5. شیطان کے لیے روحیں جیتنے کے لیے۔

تبصرہ :**فہم اور تقدس ایک جماعت کو شور اور شک سے زیادہ]**
]تحفظ دیتا ہے۔ 1 یوحنا 1:4-4۔

چونکہ میں نے اوپر کے باب تین میں کچھ باتیں پہلے ہی کہہ دی تھیں، اس لیے میں آپ کو صرف اس بات کی گواہی دوں گا کہ ماضی قریب میں کیا ہوا۔ مسیحیوں کو خُداوند یسوع مسیح کے ہر قول کی پابندی کرنی چاہیے کیونکہ جب وہ نافرمانی کرتے ہیں یا سمجھوتہ کرتے ہیں تو وہ شیطان یا اُس کے کارندوں کی ذرا سی کوشش پر گر جاتے ہیں۔ عیسائیوں کو اندھیرے سے خدا کی اپنی شاندار روشنی میں بلایا گیا ہے۔ عیسائیوں کو دنیا سے مکمل علیحدگی کی طرف بلایا گیا ہے اور یہ کیا پیش کرتا ہے۔ ''ان میں سے نکل آؤ اور الگ ہو جاؤ،'' (2 کور 6:17) کلام پاک کہتا ہے۔

(سسٹر جے کی گواہی)

یہ بہن تھی، بہن جے (نام مخفی)۔ وہ دوبارہ پیدا ہوئی تھی اور 'زندہ' گرجا گھروں میں سے ایک کی مکمل رکن تھی۔ بعد میں اس نے اپنی رکنیت میرے اپنے فرقے میں منتقل کر دی۔ وہ چرچ کی تمام سرگرمیوں میں حصہ لیتی تھی اور ان میں بہت سرگرم رہتی تھی۔ لیکن ایک موقع پر اس کا کردار مشکوک ہو گیا۔ چنانچہ ہم میں سے چند لوگوں نے فیصلہ کیا کہ وہ اس کے گھر جائیں اور یہ معلوم کریں کہ اس کے ساتھ واقعی کیا غلط تھا۔ اس کا انٹرویو کرتے ہوئے، اس میں روحیں بھڑک اٹھیں اور ظاہر ہونے لگیں، اور پھر ہمیں بتایا کہ وہ چرچ میں ان کی ایجنٹ ہے۔ ان بدروحوں کو اس میں سے نکال دیا گیا تھا اور اسے نجات دی گئی تھی۔ ''بہن، آپ شیطان کی ایجنٹ، پھر بھی کلیسیا کی مکمل رکن کیسے ہیں؟'' ہم نے پوچھا.
اس نے ہمیں جو بتایا وہ درج ذیل تھا:

'یہ سب کچھ ایک دن شروع ہوا، اتوار کی خدمت کے بعد، ایک 'بہن (مسیح میں ایمان رکھنے والی خاتون، اس لیے اس نے سوچا) اس کے پاس آئی اور اس کے قریب ہونے کی خواہش ظاہر کی کیونکہ، اس 'بہن' کے مطابق، وہ بہن جے کی مسیحی زندگی کی تعریف کرتی ہے۔ اس نے بغیر کسی تحفظات کے اپنی دوستی کو قبول کر لیا۔ دونوں بہن جے کے گھر گئے اور نام نہاد 'بہن' نے کیلے اور گریاں نکالیں، جسے دونوں نے کھایا۔ وہ کچھ دیر سسٹر جے کے پاس

رہی اور بعد میں چلی گئی۔
اس کا آنا جانا معمول بن گیا، اور ہر آنے جانے پر وہ بہن جے کے لیے تحائف لے کر آتی تھی۔ تحائف میں کپڑے، جوتے، پیسے وغیرہ شامل تھے۔ بعض مواقع پر بہن جے کی سہیلی بہت سی لڑکیوں کے ساتھ آتی تھی۔ یہ ایک مدت تک جاری رہا اور جب 'بہن' نے دیکھا کہ وہ بہن جے میں مسیح کی روشنی ڈالنے میں کامیاب ہو گئی ہے، تو وہ بدل گئی اور روح میں بہن جے سے ملنے جانے لگی۔ اس کے بعد بہن جے کو ایک سرخ کپڑا، ایک پانی کا پتھر، اس کے دائیں پیر کے لیے ایک انگوٹھی، اور اس کے ٹخنے کے لیے ایک زنجیر دی گئی۔ کیونکہ وہ ان کے ساتھ بہت کچھ کھا چکی تھی اور ان سے بہت کچھ لے چکی تھی اس لیے پیچھے ہٹنے کا کوئی امکان نہیں تھا۔ اس نے ان کے ساتھ عہد باندھا اور ان کے اجلاسوں میں جانا شروع کر دیا۔ وہ سانپ، چمگادڑ وغیرہ میں تبدیل ہو سکتی ہے۔ پھر وہ چرچ میں ان کے لیے روحیں جیتنے کے لیے ان کی ایجنٹ بن گئی۔
خدا کی حمد کرو کہ وہ اب نجات پا چکی ہے! اسے دیے گئے تمام تحائف تباہ ہو گئے اور اب وہ دوبارہ رب میں خوش ہے۔
تبصرہ :**یہ گواہی 1 کور 15:33 پر روشنی ڈالتی ہے - " بری بات چیت [اچھے اخلاق کو خراب کرتی ہے۔" روحانی منتقلی لاپرواہی سے ہو سکتی]ہے۔**

پیارے قارئین، یہ سب ایک غیر معمولی دوستی کے ساتھ شروع ہوا، اور کیونکہ سسٹر جے میں فہم کا فقدان تھا اور وہ ہوشیار نہیں تھی جیسا کہ "خداوند نے حکم دیا ہے "دیکھو اور دعا کرو کہ تم آزمائش میں نہ پڑو (مرقس 14:38) وہ گمراہ ہو کر دشمن کے ہاتھ میں گہرائی میں گر گئی اور لاپرواہی کی وجہ سے اس کی دوڑ جہنم میں ختم ہو سکتی تھی۔

آپ آسانی سے شیطان کے ایجنٹوں کو درج ذیل سے پہچان سکتے ہیں۔

- وہ اپنی بڑی انگلیوں میں سے ایک انگوٹھی، ٹخنے کے گرد زنجیر، ناک میں انگوٹھیاں، غیر معمولی چوڑیاں وغیرہ پہنتے ہیں۔
- وہ چرچ یا رفاقت میں داخل ہو سکتے ہیں اور گروپ یا گرجہ گھر کی سرگرمیوں میں بہت پرجوش ہو سکتے ہیں، صرف ایک مسیحی کے لیے جس کی وہ پیروی کر رہے ہیں۔
کچھ غیر معمولی برتاؤ کرتے ہیں، کچھ بدکار ہوتے ہیں، وغیرہ۔
،اسی لیے خدا کے بچے کو خدا سے سمجھداری کی روح مانگنی چاہیے

تاکه وہ اسے ایک نظر میں پہچان سکے۔ جب وہ جانتے ہیں کہ آپ نے انہیں پہچان لیا ہے، وہ یقینی بناتے ہیں کہ وہ آپ کے قریب نہ آئیں۔ !وجہ یہ ہے کہ ان کا آقا انہیں آپ کے بارے میں خبردار کرے گا

بازاروں میں

وہ مارکیٹ میں مختلف شکلوں میں کام کرتے ہیں۔ بازار ان کے کام کے بڑے شعبوں میں سے ایک ہے، بالکل اسی طرح جیسے ہوٹل وہ ہے جہاں وہ مردوں کے انتظار میں رہتے ہیں۔ بازار میں، وہ اپنے شکار، کچھ حاملہ خواتین کو چنتے ہیں جن کے اسقاط حمل کی وجہ سے وہ اپنے بلڈ بینکوں کے لیے خون حاصل کرنے کے قابل ہوتے ہیں۔ کچھ متاثرین کو وہ راتوں کو دیکھنے کے لیے اپنی رہائش گاہ پر لے جاتے تھے۔
تبصرہ :**مومن کا اوڑھنا یسوع کا خون ہے، بے وقوف نہیں — پاکیزگی اور [**
]دلیری کے ساتھ چلنا (پی ایس 91)۔

یہ کافروں کے ساتھ ہوتا ہے! بازار میں فروخت ہونے والی بعض منحوس مصنوعات مثلاً ہار، لپ اسٹک، پرفیوم، اور کھانے کی اشیاء جیسے سارڈینز کوئین آف دی کوسٹ" وغیرہ، عجیب وغریب ہیں۔"
عیسائیوں کو کچھ ایسی حرکتیں ہیں جن پر دھیان رکھنا چاہیے، کیونکہ آپ کسی خاتون یا شاید کسی شریف آدمی کو دیکھ سکتے ہیں جو اچانک آپ کے پیٹ یا آپ کے جسم کے کسی حصے کو چھوتی ہے۔ یہ بیماری کا سبب بنتا ہے۔ اس لیے مسیحی کو، اس کا تجربہ کرنے پر، یسوع کے نام پر حکم کا لفظ دینا چاہیے، شیطان کے منصوبوں کو بکھیرنا یا تباہ کرنا وغیرہ۔ اور یقینی طور پر جو کچھ بھی آپ یہاں زمین پر بکھیریں گے یا باندھیں گے وہی ہوگا۔)میٹ 16:19، میٹ 18:18(
تبصرہ :**اہم ردعمل خوف نہیں بلکہ اعلان ہے: الہی حدود کو نافذ کرنے [**
]کے لیے اپنے منہ کا استعمال کریں۔

ثقافتی سرگرمیاں

یہ نوٹ کرنا بھی بہت ضروری ہے کہ بہت سے لوگ شیطان کی سرگرمیوں میں شامل ہو جاتے ہیں یا ان میں سے زیادہ تر ثقافتی تقریبات اور رقص کے ذریعے اس میں مبتلا ہو جاتے ہیں۔ ہماری زیادہ تر ثقافتیں شیطان پر مبنی ہیں۔ کچھ دوستوں کے ذریعے، کچھ پمفلٹ یا ناول پڑھنے کے ذریعے۔ شیطان ہر بت کے آس پاس منڈلاتے ہیں۔ وہ بت پرستی کے عمل میں بتوں کے ذریعے کام کرتے ہیں (زیک 10:2)۔ مذہب کے ایک قطعی حصے کے طور پر، بت پرستی الہی طاقت کو فطری اداروں سے منسوب کرتی ہے اور کسی تخلیق شدہ چیز کو الہی عزت دیتی ہے (روم 18:1-22)۔ صحیفہ بت پرستی کو روحانی زنا کے طور پر بیان کرتا ہے (یر 3:8-10)۔ لہٰذا خدا کے بچے کا بت پرستی کے ساتھ براہ راست یا بالواسطہ کوئی تعلق نہیں ہونا چاہیئے۔
نام نہاد اعلیٰ زندگی، جوجو اور ڈسکو موسیقی شیطان اور اس کے شیاطین سے متاثر ہیں۔
تبصرہ :**ثقافت کو مسیح کی حاکمیت کے ذریعے فلٹر کیا جانا چاہیئے، تھوک]]کو مسترد نہیں کیا جانا چاہیئے- لیکن تمام بت پرستی کو ترک کرنا چاہیئے-**

مجھے یاد ہے، کہ خُداوند نے مجھے بچانے سے پہلے، شیطان کے ساتھ ہماری ملاقاتوں میں سے ایک میں، اُس نے کہا تھا: ’’یہ دنیا میری ہے اور میں اپنی طاقت سے پوری دنیا پر حکومت کرنے والا ہوں، اور اُن تمام لوگوں کو تباہ کر دوں گا جو راستباز کے نام پر ایمان رکھتے ہیں۔‘‘ شیطان یسوع کے نام کا ذکر نہیں کرتا۔ اگر کوئی اس کی موجودگی میں ایسا کرتا ہے تو اس کی جان جانے کا خطرہ ہے۔ اس نے ہم میں سے ان لوگوں کو اپنا ایجنٹ، گورنر وغیرہ بنانے کا وعدہ کیا۔ شیطان جھوٹا اور درحقیقت جھوٹ کا باپ ہے۔
نائیجیریا میں بائبل اور عیسائی لٹریچر کی درآمد پر پابندی لگا کر عیسائیوں کو خاموش کرنے کے منصوبے بھی تھے۔ وہ عیسائی مخالف پالیسیوں اور پروگراموں کو شروع کرنے کے لیے قیادت اور اختیار کے عہدوں پر کافروں کے ذریعے کام کرتا ہے۔ وہ شفا یابی کے مراکز قائم کرتا ہے جو بہت مذہبی دکھائی دیتے ہیں اور ان کے ذریعے روح کا دعویٰ کرتے ہیں۔ یہ مراکز جنہیں عام طور پر روحانی علاج کے گھر کہا جاتا ہے ہمارے چاروں طرف ہیں۔ یہاں اپنے گاہکوں کو دھوکہ دینے کے لیے بہت سے جھوٹ کے عجائبات کیے جاتے ہیں۔
تبصرہ :**جھوٹی نشانیاں اور جعلی روحانیت شیطان کی نقالی ہیں—ہر]]روح کو آزمائیں (1 جان 4:1)**

شیطان یسوع مسیح کی دوسری آمد سے بہت زیادہ واقف ہے اور اپنے ایجنٹوں کو اپنے کاموں میں جلدی کرنے اور پرجوش رہنے کی مسلسل تاکید کرتا ہے، ہمیشہ یہ کہتا ہے: ''ہمارے پاس وقت نہیں ہے۔'' خدا کے پیارے بچے، شیطان سو نہیں رہا، تمہیں کیوں سونا چاہیے؟

تبصرہ :**رومیوں 13:11 —" نیند سے بیدار ہونے کا وقت آگیا ہے۔]**
]عجلت حقیقی ہے، لیکن اسی طرح خدا کی فتح ہے۔

عکاسی :روحانی جنگ میں مضبوط کھڑا ہونا

پہچانیں :برائی حقیقی ہے، لیکن مسیح عظیم ہے (1 یوحنا 4:4)۔
مزاحمت :خدا کے تابع رہو۔ شیطان کا مقابلہ کرو اور وہ بھاگ جائے گا (جیمز 4:7)۔
تجدید :اپنے منہ کو کلام اور عبادت سے بھریں، خوف سے نہیں۔
بیان کریں :روح کی زیر قیادت رفاقت میں اور خدائی اختیار کے تحت لگائے رہیں۔
ظاہر کریں :سمجھداری کا استعمال کریں۔ اندھیرے کو روشنی سے ظاہر کریں، الزام سے نہیں۔
آرام کریں :مسیح میں اپنے بیٹھے ہوئے مقام سے جیو - تمام طاقتوں سے بہت اوپر۔

بکتر اور سمجھداری کی دعا

خداوند یسوع مسیح، آپ نے سلطنتوں اور طاقتوں کو فتح کیا ہے۔
مجھے روزانہ اپنے زرہ بکتر، سچائی کی پٹی، راستبازی کا سینہ، ایمان کی ڈھال، نجات کا ہیلمٹ، اور روح کی تلوار پہناؤ۔ مجھے ثابت قدم رہنا، ہر جعلسازی کو پہچاننا، اور اپنے اختیار کو محبت اور عاجزی کے ساتھ استعمال کرنا سکھاؤ۔ مجھے دعا کرنے کے لیے بیدار کر، اپنے نام کی روشنی میں، ہر تاریکی کی روشنی میں گھڑی، اور چمک کے ساتھ۔ فریب خاموش ہو گیا، ہر جال بے نقاب ہو گیا، اور تاریکی کی ہر طاقت ٹوٹ گئی۔ میں خُدا

میں مسیح کے ساتھ چھپا ہوا ہوں—اٹل اور فاتح۔ آمین۔
(افسیوں 10:6-18؛ کلسیوں 2:15؛ زبور 91)

باب 8 :مومن کے ہتھیار

(یسوع کا نام ·عیسیٰ کا خون ·خدا کا کلام ·مسیحی تعریفیں)

.آخر میں، بھائیوں، رب میں اور اس کی طاقت میں مضبوط بنو"
"خدا کے سارے ہتھیار پہن لو تاکہ تم شیطان کی چالوں کا مقابلہ کر سکو۔
افسیوں 10:6-11—

اور اُنہوں نے برّہ کے خون اور اپنی گواہی کے لفظ سے اُس پر غالب آ"
گئے..."— مکاشفہ 12:11

اس پر میں پہلے بھی بہت کچھ کہہ چکا ہوں، لیکن صرف چند مثالیں پیش کرتا ہوں۔ براہِ کرم جان لیں کہ یسوع کے نام میں طاقت ہے! یسوع کے خون !میں طاقت ہے

:کلام پاک کہتا ہے

اور ایک آدمی کے طور پر فیشن میں پایا جاتا ہے، اس نے اپنے آپ کو فروتن" کیا، اور موت تک، یہاں تک کہ صلیب کی موت تک فرمانبردار رہا؛ اس لیے خدا نے بھی اسے بہت سربلند کیا، اور اسے ایک ایسا نام دیا جو ہر نام سے اوپر ،ہے: یہ کہ یسوع کے نام پر ہر گھٹنے کو جھکنا چاہیے، آسمان کی چیزوں کا اور زمین کی چیزوں کا اور زمین کے نیچے کی چیزوں کا: اور یہ کہ ہر ایک یسوع مسیح کے ساتھ خُداوند کی تسبیح کرے۔ باپ۔" (فلپیوں 2:8-11)

:ایک بار پھر کلام پاک کہتا ہے

’’اور اُنہوں نے برّہ کے خون اور اپنی گواہی کے کلام سے اُس پر غالب آئے۔’’
)مکاشفہ 12:11(

یسوع" کا نام ہمیشہ آپ کے ہونٹوں پر رہنے دیں! یہ دونوں نام اور خون" شیطان کے منصوبوں کو پراگندہ کرتے ہیں اور درحقیقت شیطان اور اس کے کارندوں کی چالوں کو تباہ کر دیتے ہیں۔
تبصرہ :**یسوع کا نام کوئی فارمولہ نہیں ہے یہ ایک اختیار دیا گیا ہے۔**]

خون توہم پرستی نہیں ہے - یہ عہد کا احاطہ ہے۔ ایک ساتھ، وہ فدیہ]نافذ کرتے ہیں۔

تعریف میں طاقت

دوم، آپ کو ہمیشہ خدا کی حمد گانا سیکھنا چاہیے۔ تعریف میں طاقت ہے۔

(نام روکا گیا)۔ وہ ایبوٹ میٹا میں ایک چرچ IK وہاں یہ پادری تھا — پادری میں پادری کر رہا تھا۔ وہ میرا نشانہ بن گیا اور اس کے جرائم یہ تھے:

1. یعنی صبح سویرے تبلیغ کرکے ہمارا سکون خراب کیا ۔
2. وہ اپنا میگا فون لے کر چلا گیا اور خود کو اکنٹولا روڈ، ایبوٹ میٹا کے ساتھ نمبر 2 بس اسٹاپ پر کھڑا کر دیا۔ وہاں وہ تبلیغ کرتا۔ وہ اس پر نہیں رکے گا بلکہ بدروحوں وغیرہ کو باندھتا رہے گا۔
3. ،اپنے گرجہ گھر میں وہ تبلیغ کرتا، تاریکی کے کاموں کو بے نقاب کرتا جس کے بعد اس نے بدروحوں کو باندھنا شروع کیا۔
4. اس نے بہت دعا کی۔
5. وہ ہمیشہ گانا گاتا تھا اور خدا کی حمد کرتا تھا۔

تبصرہ :**تعریف بھرنے والی نہیں ہے یہ جنگ ہے۔ زبور 149]]کہتی ہے کہ تعریف بادشاہوں کو زنجیروں سے جکڑ لیتی ہے۔**

میں نے اس کے پاس اپنے قاصد بھیجے لیکن وہ اسے قتل نہ کر سکے، اس لیے میں نے خود اس مشن کو انجام دینے کا فیصلہ کیا۔ اس دن، میں نے اسے نئے جی آر اے کے ساتھ چلتے ہوئے دیکھا

اس پادری کے بارے میں یہاں ایک بات قابل ذکر ہے: جب بھی ہم اس کے پاس جاتے، ہمیں اس کے دائیں اور بائیں ہاتھ سے بادل کے ستون نظر آتے، جو اس کے ساتھ ساتھ چلتے تھے، اس لیے یہ ہماری راہ میں رکاوٹ بن گئے۔ لیکن اس خاص دن میں نے کچھ نہیں دیکھا، اس لیے مجھے دوگنا یقین تھا کہ میرا مشن بہت کامیاب ہوگا۔

میں نے بارش کو حکم دیا کہ میں گرج کے ساتھ اس پر حملہ کر سکوں۔ بارش شروع ہو گئی اور گرج چمک شروع ہو گئی۔ علاقے کے تمام درخت اپنی شاخیں کھونے لگے، لیکن یہ پادری خوشی سے گا رہا تھا۔ مجھے آج بھی یہ شعر یاد ہے:

"یسوع کے نام پر ہر گھٹنا جھک جائے گا۔"

جیسے ہی اس نے اس کورس کو جاری رکھا، بارش رک گئی، گرجنا بند ہو گیا۔ فوراً دو فرشتے نمودار ہوئے، ہر طرف ایک ایک، جلتی ہوئی تلواروں کے ساتھ۔ ان کی آنکھیں اور تلواریں آگ کے شعلوں کی مانند تھیں۔ پھر ایک تیز آندھی مجھے بہا لے گئی اور میں نے اپنے آپ کو دوسرے شہر میں پایا۔ درحقیقت میں حیران تھا، لیکن چونکہ ہم بہت سخت تھے، میں نے جو کہا وہ یہ تھا: "یہ آدمی پھر سے فرار ہو گیا ہے!"

پادری اس روحانی جنگ کو نہیں جانتے تھے جو اس کی طرف سے لڑی گئی تھی۔ لہذا، آپ دیکھ سکتے ہیں، خدا کا بچہ اچھی طرح سے محفوظ ہے. جب بائبل کہتی ہے: ''کچھ بھی آپ کو تکلیف نہیں دے گا،'' تو اس کا مطلب وہی ہے جو یہ کہتا ہے!

تبصرہ: **حمد الٰہی موجودگی کی دعوت دیتی ہے—زبور 22:3۔ جہاں خدا رہتا ہے وہاں اندھیرا چھٹ جاتا ہے۔**

خون کی طاقت

دوسری گواہی ایک عیسائی کی ہے جو میرے ساتھ اسی ٹیکسی میں سوار تھا۔ وہ بہت پرجوش تھا اور ٹیکسی کے اندر انجیل کے پرچے بانٹنے لگا۔ جب اس نے مجھے پرچہ دیا تو میں نے اسے مسترد کر دیا۔ اس نے تبلیغ شروع کر دی۔ تو میں پریشان ہو گیا اور اپنی انگلی میں انگوٹھی سے اسے دستک دی۔ یعنی اسے مارنا تھا۔

اس لڑکے نے چیخ کر کہا: "یسوع کا خون!" فوراً بجلی اور آگ اور ایک فرشتہ نمودار ہوا۔ تیز ہوا نے مجھے پھر بڑی طاقت سے ٹیکسی سے نکال کر گھنے جنگل میں لے جایا۔ اگر ایسا نہ ہوتا کہ میں شیطانی طاقتوں کی پشت پناہی

والا آدمی ہوتا تو میں جنگل میں کھو سکتا تھا۔ عیسائی اس جنگ کو نہیں جانتا تھا جو اس کی طرف سے چلی تھی۔ باقی مسافروں سمیت وہ صرف اتنا !جانتا تھا کہ میں ٹیکسی سے غائب ہو گیا تھا

تبصرہ :**خون اب بھی بولتا ہے (عبرانیوں 12:24)۔ ہر مومن کا فوری]]جواب - "یسوع کا خون "!- آسمانی دفاع کو متحرک کرتا ہے۔**

یسوع کا نام یا یسوع کا خون مومن کے منہ میں آگ وغیرہ بھیجتا ہے۔ کلام :پاک کہتا ہے

رب کا نام ایک مضبوط برج ہے: راست باز اس میں دوڑتا ہے ، اور محفوظ" رہتا ہے۔" (امثال 18:10)

پیارے قارئین، اگر آپ خُدا کے فرزند ہیں تو یاد رکھیں کہ خُدا نے اپنے کلام کو اپنے تمام ناموں سے بڑا کیا ہے (زبور 138:2)۔ لہٰذا کلام (خدا کا کلام) کا اقرار کرتے ہوئے یقین کریں کہ جو کچھ آپ نے کہا وہ پورا ہوگا، اور ایسا ہی !ہوگا۔ یہ خدا کا وعدہ ہے

—تبصرہ :**کلام خون کو آواز دیتا ہے اور نام کو طاقت دیتا ہے۔ تینوں]]لفظ، خون، نام—مومن کی فتح کا سہرا بناتے ہیں۔**

ایک بار پھر میں یہاں یہ بتانا چاہوں گا کہ آپ صرف وہی اعتراف کر سکتے ہیں جو آپ جانتے ہیں۔ صحیفہ ہمیں دن رات اس پر غور کرنے، خدا کے کلام میں خوش ہونے کا حکم دیتا ہے۔ (زبور 1:2) سچائی کے کلام کو صحیح طور پر تقسیم کرنے کے لیے، آپ کو اسے جاننا چاہیے۔

مسیح کا کلام آپ میں پوری حکمت سے بھرپور طریقے سے بسے"۔ (کلسیوں" 3:16)

مبارک ہے وہ آدمی جو بے دینوں کے مشورے پر نہیں چلتا، نہ گنہگاروں کی" راہ میں کھڑا ہوتا ہے ، نہ حقیروں کی جگہ پر بیٹھتا ہے ۔ لیکن اس کی خوشی خداوند کی شریعت میں ہے؛ اور اس کی شریعت میں وہ دن رات غور کرتا ہے ۔ اور وہ اپنے درخت کے درخت کی طرح پھل لاتا ہے، اس کے درخت کے پانی کے لیے درختوں کے پانی کی طرح۔ پتی بھی نہیں مرے گا اور جو کچھ وہ کرے گا وہ کامیاب ہو گا۔ (زبور 1:1-3)

اپنی بائبل کے قریب جائیں؛ بغیر کسی وقفے کے نماز پڑھنا؛ گانا گانے والے دل اور کھڑے رہیں، خداوند یسوع مسیح کی طرف سے آپ کو دیئے گئے اختیار کو استعمال کرتے ہوئے!

تبصرہ :**علم ایندھن اتھارٹی. ایک گانے والا دل فتح کو برقرار رکھتا ہے۔ یہ [رسم نہیں ہے یہ رشتہ ہے۔]**

عکاسی :نجات یافتہ کا چار گنا ہتھیار

1. **نام :**اس کا اعلان کریں — یسوع ہر حال میں خداوند ہے (فل. 2:9-11)۔
2. **خون :**اسے لاگو کریں - الزام اور نقصان کے خلاف اپنے عہد کی ڈھال (مکاشفہ 12:11)۔
3. **کلام :**اسے بولو - اپنی روح کی تلوار اور سچائی کا معیار (افسیوں 6:17)۔
4. **تعریف :**اسے زندہ رکھیں—آپ کی فتح کا جھنڈا جو خدا کی موجودگی کو کھینچتا ہے (زبور 149:6-9)۔

روزانہ مشق کریں:

- ہر صبح کلام کا اقرار کرتے ہوئے شروع کریں۔
- اپنے گھر والوں پر خون بہا دیں۔
- درخواست کرنے سے پہلے تعریف کریں۔
- نام کو اختیار میں استعمال کریں، خوف نہیں۔

اتھارٹی اور تعریف کی دعا

خداوند یسوع، آپ کا نام ہر نام سے اوپر ہے۔
آپ کا خون ہابیل کے خون سے بہتر باتیں کرتا ہے۔ آپ کا کلام میرے منہ میں زندگی، روشنی اور آگ ہے۔ آج میں آپ کی فتح کا لباس پہنتا ہوں۔ اندھیرے کے ہر منصوبے کو بکھرنے دو۔ ہر الزام کی زبان خاموش ہو گئی۔ مجھے روح

کی تلوار چلانا اور تعریف کے گیتوں میں جینا سکھاؤ۔ میں آپ کے خون، آپ کے کلام اور آپ کے نام سے جیت گیا ہوں۔ تفویض اور امن پر فرشتوں کا شکریہ جو سمجھ سے بالاتر ہے۔ میں آپ میں چھپا ہوا ہوں، ہمیشہ کے لیے فاتح ہوں۔ آمین۔

(فل .2:9-11؛ مکا 12:11؛ افسی 6:10-18؛ زبور 149)

باب 9 :اب آگے کیا ہے؟

روح اور دلہن کہتے ہیں، "آؤ "!اور جو سنے وہ کہے، ’’آؤ ‘‘!جو پیاسا
—» ہے وہ آئے۔ اور جو چاہے، وہ زندگی کے پانی کا مفت تحفہ لے۔
مکاشفہ **22:17**

اس گواہی کو پڑھنے کے بعد، آپ کو یسوع مسیح کو اپنی زندگی دینے کے لیے مزید تبلیغ کی ضرورت نہیں ہے۔ صحیفہ کہتا ہے: ’’چور (شیطان) نہیں آتا مگر چوری کرنے، قتل کرنے اور تباہ کرنے کے لیے۔ میں (یسوع مسیح) اس لیے آیا ہوں کہ تم زندگی پاؤ اور اسے زیادہ سے زیادہ حاصل کرو‘‘ (جان 10:10)۔

ایڈیٹر کا نوٹ: **اس کے برعکس جان بوجھ کر کیا گیا ہے: شیطان چوری کرتا ہے / تباہ کرتا ہے۔ یسوع زندگی دیتا ہے — اب اور ہمیشہ کے لیے]۔**

شیطان آپ سے نفرت کرتا ہے اور اس نے آپ کو اپنے ساتھ جہنم میں لے جانے کے مختلف طریقے بنائے ہیں۔ کہ، آپ اس گواہی سے گواہی دے سکتے ہیں۔ اگر شیطان آپ سے کوئی وعدہ کرتا ہے یا آپ کو کوئی تحفہ بھی دیتا ہے تو جان لیں کہ یہ بد نیتی ہے۔ شیطان جھوٹا اور جھوٹ کا باپ ہے۔ (یوحنا 8:44) خدا نے اسے تمہارا دشمن کہا، خدا اور اس کے کلام پر یقین کیوں نہیں؟

ایڈیٹر کا نوٹ: **اندھیرے کا ہر "تحفہ" چھپی ہوئی زنجیروں کا پھندا ہے۔]آزادی صرف مسیح میں پائی جاتی ہے۔**

یہ اتفاقی طور پر نہیں ہے کہ آپ کو یہ گواہی ملی۔ اپنے آپ کو جانچیں اور یقینی بنائیں کہ آپ مسیح میں ہیں۔ آپ اپنے آپ کو دھوکہ دینے میں تبھی کامیاب ہوں گے اگر آپ 'چرچ جانے والے' رہنے کا انتخاب کرتے ہیں اور سب سے بُری بات، اگر آپ اب بھی اپنی زندگی کے اس اہم ترین فیصلے کے لیے غیر جانبدارانہ رویہ اپنانے کا فیصلہ کرتے ہیں۔

ایڈیٹر کا نوٹ: **یہ حاضری سے زیادہ ہے۔ یہ بیعت ہے. یسوع مداحوں کو]مدعو نہیں کرتا۔ وہ شاگردوں کو بلاتا ہے۔**

ہم آپ سے مسیح کی طرف سے التجا کرتے ہیں: خُدا کے ساتھ صلح کر لیں۔ اگر آپ ابھی تک بچائے نہیں گئے ہیں، تو اس کا مطلب ہے کہ اگر خدا کے کلام کے مطابق آپ نے ابھی تک خُداوند یسوع مسیح کو اپنا خُداوند اور ذاتی نجات دہندہ کے طور پر قبول نہیں کیا ہے، پانی میں بپتسمہ لے کر بپتسمہ لے کر، ہم آپ کو بلا تاخیر ایسا کرنے کی ترغیب دیتے ہیں۔

کل بہت دیر ہو سکتی ہے۔
)عبرانیوں 3:15(

عکاسی :کال کا جواب دیں۔

- **فضل موجود ہے** :اگر آپ یقین کو محسوس کرتے ہیں، تو یہ روح القدس ہے جو آپ کو دعوت دے رہا ہے (یوحنا 16:8،13)۔
- **غیر جانبدار محفوظ نہیں ہے** :تاخیر ایک فیصلہ ہے۔ التوا پرانی زنجیروں کو مضبوط کرتا ہے۔
- **مسیح کافی ہے** :اس کا خون جرم کو منسوخ کرتا ہے، اندھیرے کے ساتھ عہد کو توڑتا ہے، اور آپ کو نئی زندگی میں پہناتا ہے (کرنسی 1:13-14)۔

نجات کی دعا)اگر آپ ابھی یسوع کی طرف رجوع کر رہے ہیں(

خداوند یسوع مسیح، میں آج آپ کے پاس آیا ہوں۔
میں یقین کرتا ہوں کہ آپ میرے گناہوں کے لیے مرے اور مردوں میں سے جی اٹھے۔
میں آپ کو اپنے رب اور اپنے نجات دہندہ کے طور پر تسلیم کرتا ہوں۔
مجھے معاف کر، مجھے اپنے خون سے پاک کر، اور مجھے ایک نیا دل عطا کر۔ میں شیطان اور اندھیرے کے ساتھ ہر عہد کو ترک کرتا ہوں۔
مجھے آپ کی روح القدس اور نئی زندگی گزارنے کی طاقت ملتی ہے۔

مجھے بچانے کے لیے آپ کا شکریہ۔ آمین۔
(یوحنا 1:12؛ رومیوں 9:10-10؛ کرنل 13:1-14)

ترک کرنے اور آزادی کی دعا)اگر آپ کے پاس کوئی (خفیہ تعلقات ہیں

:یسوع مسیح کے نام پر
میں ہر ایک معاہدے، حلف، رسم، رسم اور جادو، جادو ٹونے، جہان پرستی، سمندری طاقتوں، خفیہ معاشروں اور شیطانی قربان گاہوں سے منسلک ہر چیز سے دستبردار ہوں۔ میرا جسم، روح اور روح صرف خداوند یسوع مسیح کے لیے وقف کر دیں۔ آمین۔
(مکاشفہ 12:11؛ کرنل 14:2-15؛ لوقا 10:19)

آپ کے اگلے پانچ اقدامات

1. **پانی میں بپتسمہ لیں)ڈوبنے سے (**— مسیح کے ساتھ فرمانبرداری اور عوامی شناخت کے عمل کے طور پر (اعمال 2:38-(رومیوں 6:3-4؛
2. **،ایک ورڈ ۔ اسپرٹ چرچ میں شامل ہوں** — ایک مسیح پر مبنی بائبل کی تبلیغ کرنے والی جماعت جو دعا اور شاگرد ہے۔
3. **،خفیہ اشیاء کو تباہ کر دیں** — کتابیں، دلکش، قربان گاہیں انگوٹھیاں، لباس؛ ہٹا دیں اور جلا دیں (اعمال 19:19)۔
4. **ایک سادہ روزانہ تال شروع کریں** - صحیفہ (بلند آواز سے پڑھیں)، دعا، عبادت؛ جریدہ جو خدُا آپ کو دکھاتا ہے۔
5. **کسی کو بتائیں** - اپنی گواہی کو سمجھداری سے شیئر کریں۔ یہ آپ کی آزادی کو مضبوط بناتا ہے اور دوسروں کی مدد کرتا ہے (مکاشفہ 12:11)۔

فیلڈ گائیڈ :نجات کے بعد ترقی کی منازل طے کرنا

- .**تعلق** :ایک لفظ-روح چرچ میں پلانٹ؛ رہنمائی کا پیچھا کریں
- .**تعمیر** :روزانہ صحیفہ + دعا (بلند آواز سے بولنا)؛ وقتا فوقتا تیز
- **توڑ** :پرانے عہدوں کو ترک کرنا۔ جادوئی چیزوں کو تباہ کرنا (اعمال 19:19)۔
- **حدود** :کوئی خفیہ سودا نہیں؛ خفیہ "دوستوں" کے ساتھ صفر رابطہ۔
- **جنگ** :اقرار، اجتماعیت، اور حکم دینے والی دعا کا استعمال کریں (افسیوں 6:10-18)۔
- **گواہی دیں** :اپنی گواہی کو سمجھداری سے شیئر کریں۔ یہ الزامات کو غیر مسلح کرتا ہے (مکاشفہ 12:11)۔

حفاظت اور استقامت کی دعا

خداوند یسوع، آپ میرے چرواہے ہیں۔ میں تیری آواز سنتا ہوں اور تیری پیروی کرتا ہوں۔
میں اندھیرے کی ہر دھمکی، سودے بازی اور ڈرانے کو ترک کرتا ہوں۔
،مجھے اپنی آگ سے گھیر لے، فرشتوں کو میرے راستے پر مقرر کر
اور مجھے اپنے کلام اور برادری میں قائم رکھ میرے خلاف بنایا گیا
کوئی ہتھیار کامیاب نہیں ہو گا۔ میں اب اور ہمیشہ کے لیے تیرے ہاتھ میں رہوں گا۔ آمین۔
(یوحنا 10:27-28؛ عیسیٰ 54:17؛ زبور 91)

دن کا آن ریمپ)اختیاری، ان قارئین کے لیے جو 40 (رہنمائی سفر چاہتے ہیں

روزانہ کی مختصر شکل (آدھا صفحہ فی دن) کے لیے، ساتھی عقیدت :دیکھیں جس کا ہم نے پہلے حوالہ دیا تھا: **اندھیرے سے ڈومینین ،اندھیرے کی پوشیدہ گرفت سے آزاد ہونے کے لیے 40 دن** - یہ کتاب

مختصر بصیرت، اور آگاہی، نجات اور طاقت کے لیے ہدف شدہ دعاؤں کو جوڑتا ہے۔

اپنی گواہی کا اشتراک کریں /مدد کے لئے پوچھیں

ہم آپ کے ساتھ کھڑے ہونا پسند کریں گے۔ یسوع نے کیا کیا ہے اس کا اشتراک کریں یا یہاں مشورے کی درخواست کریں:

اپنی گواہی کا اشتراک کریں یا پہنچیں:

https://www.otakada.org/contact-us-otakada/

قارئین کے سوالات، عالمی بات چیت اور نجات کا اسکول

جب سچائی کی روح آئے گی، وہ آپ کو تمام سچائی کی طرف رہنمائی کرے" گا۔" — یوحنا 16: 13

پوری دنیا میں، یہ گواہی مومنین کے درمیان سوالات اور وحی کو جنم دیتی ہے۔ ایسی ہی ایک گفتگو اٹلی میں ایک مومن **بھائی فرانسسکو سے ہوئی۔** اس کے الفاظ ایک بڑھتے ہوئے عالمی خاندان کی بھوک کی عکاسی کرتے ہیں جو دریافت کر رہے ہیں کہ روحانی جنگ کوئی نظریہ نہیں بلکہ ایک حقیقت ہے — اور یہ کہ روح القدس غیر متوقع جگہوں پر چوکیداروں کو بیدار کر رہا ہے۔

فرانسسکو)اٹلی (کے ساتھ گفتگو

Rev. Emmanuel Amos Eni کی گواہی کو پڑھنے سے پہلے، فرانسسکو نے لکھا، میں نے اس بارے میں خواب اور انکشافات کیے تھے کہ شیطان کس طرح منظم ہوتا ہے — کمانڈ اور کنٹرول کا ڈھانچہ، شیاطین کے مختلف کام، اور انہیں کیا چلاتا ہے۔ میرا ماضی میں کبھی شیطان سے کوئی واسطہ نہیں رہا اور نہ ہی میرے گھر والوں سے۔ یہاں اٹلی میں، عیسائیوں کو ایسا تجربہ کم ہی ہوتا ہے، اور ہم میں سے اکثر لوگ کبھی بھی روحانی جنگ کے بارے میں بات نہیں کرتے۔ مسیح میں ایک بھائی نے مشورہ دیا کہ میں .Rev Eni کی کتاب پڑھوں — اور یہ ایک دھماکہ تھا! سب کچھ اچانک سمجھ میں آگیا۔ میں نے محسوس کیا کہ ہمارے چاروں طرف ایک غیر مرئی دنیا ہے۔ میں جانتا تھا کہ شیطان موجود ہے، لیکن میں نے سوچا کہ وہ بہت دور ہے۔ اب میں اس کے آپریشنز کو صاف دیکھ رہا ہوں۔

:تو براہ کرم مجھے پوچھنے دیں

1. مجھ جیسے سادہ لوح کو شیطان کے بارے میں اس طرح کے انکشافات کیوں ملیں گے؟
2. میں نے ایک آواز کیوں سنی - واضح طور پر خدا کی نہیں - مجھے انکشافات پیش کرتے ہوئے کہ گرے ہوئے فرشتوں کو آسمان سے کیسے نکالا گیا؟
3. اسی آواز نے مجھے چیزوں کو انجام دینے کی طاقت کیوں پیش کی؟
4. کیوں، ان پیشکشوں سے انکار کرنے کے بعد، میرا ایک حادثہ ہوا اور میرا پاؤں ٹوٹ گیا، جس کی وجہ سے سرجری اور میرے خاندان پر دباؤ پڑا؟

مکالمے کے ذریعے شاگردی

.O جب فرانسسکو نے رابطہ کیا، تو خدا کی عقاب وزارتوں کے سفیر **پیر نے جواب دیا — فوری جوابات کے ساتھ نہیں، بلکہ اسے کلام پاک Ogbe کے ذریعے روح القدس** کے ساتھ بات چیت میں مدعو کر کے۔

روح القدس ہمیشہ وہ جوابات فراہم کرے گا جو آپ کے ارد گرد کیا ہو رہا" ہے،" اس نے لکھا۔
اس کی بنیادی ذمہ داری ہمیں تمام سچائی کی طرف لے جانا ہے۔ لہٰذا اس" سے پہلے کہ میں آپ کو جواب دوں، میں چاہوں گا کہ آپ ان آیات پر غور کریں — یوحنا 16:5-15 — اور جو کچھ آپ سیکھتے ہیں اسے لکھیں۔
"روح، منطق نہیں، آپ کی رہنمائی کرے۔

:فرانسسکو نے اتفاق کیا۔ چند گھنٹوں بعد اس نے جواب دیا

یسوع اپنے شاگردوں سے بات کر رہا ہے، ان سے کہہ رہا ہے کہ وہ جلد ہی چلا" جائے گا۔ وہ وعدہ کرتا ہے کہ روح القدس آئے گا کہ وہ اس بات کی وضاحت کرے گا جو وہ ابھی تک نہیں سمجھ سکے، مستقبل کے واقعات کو ظاہر کرے گا، اور انہیں مافوق الفطرت علم اور طاقت سے بااختیار بنائے گا۔ شاگرد روح کے ذریعے وہ حاصل کریں گے جو انہوں نے اس کی جسمانی رخصتی سے "کھویا تھا۔

، مکالمہ جاری رہا جب سفیر اوگبے نے اسے **لیوک 1:4-28** ، **پیدائش 3 پیدائش 6** ، اور **مکاشفہ 12 کا مطالعہ کرنے کے لیے رہنمائی کی** ، اور اس سے کہا کہ اس نے جو مشاہدہ کیا ہے اسے لکھے۔

،فرانسیسکو نے ایمانداری سے جواب دیا، آیت بہ آیت – مسیح کی آزمائش آدم اور حوا کے زوال، نوح کی فرمانبرداری، اور سیلاب کی تشریح۔ اس نے نوٹ کیا کہ سانپ کس طرح عقل، جذبات اور مرضی کو جوڑتا ہے۔ کس طرح اطاعت تقدیر کو محفوظ رکھتی ہے۔ اور یہاں تک کہ فیصلہ کس طرح خدا کی رحمت کو ظاہر کرتا ہے۔

مکاشفہ 12 کو پوری طرح سے نہیں سمجھتا تھا۔ "میں اسے آپ پر چھوڑ دوں گا،" اس نے لکھا، "کیونکہ میرے پاس اس باب پر روح القدس کی طرف سے "کوئی وحی نہیں ہے۔

تدریسی لمحہ — مکاشفہ 12 اور روحانی جنگ

سفیر اوگبے نے مکاشفہ 12 کے کائناتی ڈرامے کے ذریعے فرانسسکو کو چلتے ہوئے : گہری تعلیم کے ساتھ جواب دیا

یہ باب ان دیکھے تنازعات کو ظاہر کرتا ہے — عورت، بچہ، اور ڈریگن۔" عورت خدا کے عہد برادری کی نمائندگی کرتی ہے؛ بچہ، یسوع مسیح؛ اور ڈریگن، شیطان، قدیم سانپ۔

آسمان میں جنگ (آیات 7-9) دکھاتی ہے کہ کس طرح شیطان اور اس کے فرشتوں کو گرایا گیا تھا — جسمانی ہتھیاروں سے نہیں بلکہ الہی اختیار سے۔ صلیب پر مسیح کی فتح نے انہیں غیر مسلح کر دیا، پھر بھی زمین پر ان کا غصہ بڑھ گیا۔ ڈریگن کا غصہ اب مومنوں کو نشانہ بناتا ہے، لیکن آیت 11 :ہمیں فتح کی کلید فراہم کرتی ہے

اُنہوں نے برّہ کے خون سے، اپنی گواہی کے لفظ سے اُس پر غالب آئے، اور اُنہوں' 'نے اپنی جان سے موت تک پیار نہیں کیا۔

،یہ علامت نہیں ہے۔ یہ ہر مسیحی کے لیے ایک حقیقت ہے۔ شیطان فریب
غرور، خوف، الزام، اور تنہائی کے ذریعے حملہ کرتا ہے۔ لیکن مومن کا دفاع
عیسیٰ کا خون، ایمان کا اقرار، اور مکمل ہتھیار ڈالنا ہے۔

"وحی، فتنہ، حملہ، اور بحالی - یہ روحانی ترقی کا بار بار چلنے والا نمونہ ہے۔

فرانسسکو کے سوالات کے جوابات

برادر فرانسسکو،" سفیر اوگبی نے جاری رکھا، "آپ نے اچھا کیا کہ آپ نے" اس آواز کو رد کر دیا جو وحی اور طاقت کی پیشکش کرتی ہے۔ یہ روح القدس نہیں تھی بلکہ ایک فریب دینے والی روح تھی جو آپ کو مسیح پر انحصار سے دور کرنا چاہتی تھی۔ جس طرح شیطان نے حوا کو آزمایا اور بعد میں یسوع کو آزمایا، وہ اکثر ایمانداروں کے پاس روحانی شارٹ کٹس کی پیشکش کے ساتھ آتا ہے - اور دشمن نے آپ کو دوبارہ ایسا کرنے کی کوشش کی۔

،اس کے بعد پیش آنے والا حادثہ اور مشکلات ممکنہ طور پر جوابی حملے تھے سزا نہیں۔ لیکن خدا سمجھداری اور اختیار کو مضبوط کرنے کے لیے ایسے امتحانات کی اجازت دیتا ہے۔ اب آپ کو اٹلی کے لیے ایک چوکیدار کے طور پر تربیت دی جا رہی ہے، جہاں بہت سے لوگ اب بھی سمجھتے ہیں کہ دشمن دور یا علامتی ہے۔

اپنی نگاہیں یسوع پر رکھیں، اندھیرے پر نہیں۔ جب بے چینی ہو تو بلند آواز سے اعلان کریں:
میں یسوع مسیح سے تعلق رکھتا ہوں۔ برّہ کا خون مجھے ڈھانپتا ہے۔ میں' صرف وہی حاصل کرتا ہوں جو روح القدس سے آتا ہے اور یسوع کے نام پر ہر دوسری آواز کو مسترد کرتا ہوں۔'

دشمن کو دیکھنے سے زیادہ عبادت میں گزاریں۔ وحی آپ کو خوفزدہ کرنے کے لیے نہیں بلکہ آپ کو جگانے اور لیس کرنے کے لیے دی گئی ہے۔ خداوند نے آپ "کو اپنی قوم کی شفاعت کے لیے چنا ہے۔

:آخر کار، سفیر اوگبے نے اسے کام کرنے کا چیلنج دیا

اب جب کہ آپ غیر مرئی دنیا کی حقیقت کو دیکھتے ہیں، جو کچھ آپ کو"
موصول ہوا ہے اسے شیئر کرنے کے طریقے تلاش کریں — تحریری، تعلیم یا
گواہی میں — تاکہ دوسروں کو آپ کی طرح آزاد کیا جا سکے۔ اب آپ صرف
"ایک سیکھنے والے نہیں ہیں؛ آپ نجات دہندہ بن رہے ہیں۔

:فرانسسکو کا جواب آسان تھا

"آپ کا شکریہ، میرے بھائی، میں اسے سنجیدگی سے لوں گا۔"

فرانسسکو کا عزم اور بھیجنے کی دعا

میں اپنے دل کی گہرائیوں سے آپ کا بہت شکریہ ادا کرتا ہوں،" انہوں نے بعد"
میں مزید کہا۔
میں زبانوں میں دعا کرنے میں اپنا وقت بڑھاؤں گا؛ میں اپنی نوٹ بک میں"
ہر وہ وحی لکھوں گا جو روح القدس دیتا ہے؛ اور میں روح القدس سے کہوں
"گا کہ وہ مجھے روزانہ اپنے ریما کے ساتھ کھلائے۔

:سفیر اوگبے نے جواب دیا

اور اس سے بھی اہم بات، اس بات پر غور کریں کہ یہ بصیرت ان نسلوں پر"
کس طرح اثر انداز ہو گی جو ابھی تک پیدا نہیں ہوئی ہیں — بالکل ایمانوئل
اینی کی کہانی کی طرح۔ خدا نے آپ کو یہ چھپانے کے لیے نہیں بلکہ اشتراک
کرنے کے لیے دکھایا ہے۔ آپ کو دنیا بھر کی ایک بڑی متلاشی برادری کے گواہ
"بننا ہے۔

وہ مجھے دکھائے گا کہ اسے کیسے پھیلانا ہے،' فرانسسکو نے جواب دیا۔'

:سفیر اوگبے نے واپس لکھا

"آمین! کیا میں اب آپ کے ساتھ نماز پڑھوں گا؟"

اور اس نے کیا — ایک دعا جو اٹلی سے بہت آگے تک پہنچ گئی، ہر مومن کے لیے جو یہ الفاظ پڑھتے ہیں۔

کمیشن کی دعا

،آسمانی باپ
ہم آپ کے خادم فرانسسکو کے لیے اور تمام اقوام کے لیے جو آپ کی سچائی کو بیدار کر رہے ہیں، آپ کا شکریہ ادا کرتے ہیں۔
غیب کے دائرے کی حقیقت کو ظاہر کرنے کے لیے آپ کا شکریہ — خوفزدہ کرنے کے لیے نہیں، بلکہ لیس کرنے کے لیے۔
ہم یسوع مسیح کے خون کے تحت اس کے موصول ہونے والے ہر وحی پر مہر لگاتے ہیں۔
اس کی روح تیرے کلام میں لنگر انداز ہو جائے، اس کا دل تیری محبت سے جلتا رہے، اور اس کی آواز اس کی نسل کے لیے سچائی کا بگل بن جائے۔
اسے روح القدس سے نئے سرے سے معمور کریں۔
ہر وہ زبان جو اُس کے خلاف اٹھتی ہے خاموش کر دی جائے۔ اس کے مقصد کے خلاف تاریکی کا ہر منصوبہ ناکام بنا دیا جائے۔
اسے، ایمانوئل اینی کی طرح، اپنی بچت کی طاقت کا زندہ گواہ بنائیں - ان لوگوں کے لیے جو اب بھی سائے میں چلتے ہیں، روشنی کا ایک کیریئر۔
اٹلی، یورپ، اور اس سے آگے میں ان جیسے بہت سے لوگوں کو اٹھائیں — مرد اور عورتیں جو انجیل کی آگ کو بے خوفی سے اٹھائیں گے۔
اور اب، خُداوند، جیسا کہ ہم اس دعا کے لیے "آمین" کہتے ہیں، ہم ہر اس قارئین کو بھی وقف کرتے ہیں جو ہمارے ساتھ اپنے ایمان کو جوڑتا ہے۔
وہ وحی پر چلیں، فتنہ کا مقابلہ کریں، حملے پر قابو پائیں، اور بحالی میں زندگی گزاریں۔
یسوع کے عظیم نام میں - **آمین۔**

:فرانسسکو نے گرمجوشی سے جواب دیا

آمین!!! خدا آپ کو خوش رکھے، برادر ایمبیسڈر پیر اوگبے ، اپنے لامحدود" "!فضل کے مطابق

اور جواب آیا:

"آمین اور آمین۔ خدا آپ کو بھی خوش رکھے، برادر فرانسسکو۔ براہ کرم، کسی بھی وقت، سوالات کے ساتھ پہنچیں یا جو کچھ بھی روح آپ کے دل میں رکھتا ہے۔ میں نے مزید انکشافات کے لیے دعا کی ہے - وہ کریں گے۔ ان کی جرنل کرنا شروع کریں؛ شاید وہ ابھی پوری طرح سے سمجھ میں نہ آئیں، لیکن وہ اپنے وقت میں، یسوع کے نام پر کریں گے۔"

ہم یہ گفتگو کیوں بانٹتے ہیں۔

— اس طرح کے مقابلوں سے پتہ چلتا ہے کہ جدید شاگردی کیسی دکھتی ہے، زندہ، رشتہ دار، روح کی قیادت میں، اور عالمی۔ اس طرح کی گفتگو کے ذریعے خُدا ایسے مومنوں کی ایک نئی نسل پیدا کر رہا ہے جو دشمن کی چالوں کو پہچانتے ہیں پھر بھی کتاب اور محبت میں جڑے رہتے ہیں۔
یہ مکالمہ صرف اٹلی کے لیے نہیں ہے۔ یہ ہر پڑھنے والے کے لیے ہے جو حیرت میں ہے، "کیا آج بھی خدا عام لوگوں سے بات کر سکتا ہے؟"
جی ہاں — اور وہ اب بھی سچائی کے اسی روح کے ذریعے نجات، تعلیم، اور کمیشن دیتا ہے۔

تسلط سے نجات کی سچی کہانیاں :جدید ثبوت اور 40 دن کا سفر

تعارف - وہی طاقت، اب بھی کام پر ہے -

ایمانوئل اینی کی کہانی ثابت کرتی ہے کہ یسوع مسیح کی تاریکی سے نجات دینے کی طاقت وقت کے ساتھ ختم نہیں ہوئی۔
لاگوس سے لندن، نیروبی سے نیویارک تک، وہ مرد اور عورتیں جو کبھی شیطانی عہدوں کے سامنے جھکتے تھے، اب عبادت میں ہاتھ اٹھاتے ہیں، آخر کار آزاد۔ ہر نسل میں، خُدا آوازیں بلند کرتا ہے جو ایک ہی پکار گونجتی ہے: **"یسوع اب بھی نجات دیتا ہے۔**"

- درج ذیل جدید اکاؤنٹس زندہ ثبوت ہیں۔ وہ مختصر، خام اور حقیقی ہیں نظریہ نہیں، لیکن گواہی.
ہر گواہ غلامی کے ایک مختلف دروازے کے بارے میں بات کرتا ہے — خفیہ آغاز، سمندری معاہدے، خلائی سفر، خفیہ قسمیں — اور ایک دروازے سے باہر: **برہ کا خون** (مکاشفہ 12:11)۔

1. جان رامیرز – اعلیٰ درجہ کے شیطان پرست سے مبشر تک (USA)

ایک بار نیو یارک میں علاقائی شیطانوں کی کمانڈ کرنے والے جنگجو، جان رامیرز نے معاہدے کیے جو خون میں بند تھے۔ ایک رات، ایک رسم کی تیاری کے دوران، ایک غیب کا ہاتھ اسے مارا؛ اس نے آگ سے زیادہ روشن روشنی دیکھی اور سنا، "میں تم سے پیار کرتا ہوں، جان۔"
وہ جاگ کر ہمیشہ کے لیے بدل گیا۔ آج وہ دنیا بھر میں نجات کا درس دیتا ہے۔
- **صحیفہ:** ’’خدا کا بیٹا شیطان کے کاموں کو تباہ کرنے کے لیے ظاہر ہوا‘‘۔ یوحنا 3: 8 1

دیکھیں: QR → John Ramirez Testimony | یوٹیوب لنک | اسکین

Dominion Takeaway: کوئی عہد اتنا گہرا نہیں ہے کہ کراس منسوخ کر سکے۔

2. Tailah Scroggins - جادو اور روح کے شریک حیات سے نجات (USA)

ٹیلہ کو نئے دور کے "توانائی کے کام" میں کھینچا گیا تھا۔ عجیب خوابوں اور ایک روحانی شوہر نے اسے آدھی رات تک اذیت دی: "یسوع، اگر تم سچے ہو، مجھے بچا لو۔ "اگلے ہی لمحے اندھیرا چھٹ گیا۔ اس نے گرمی محسوس کی، پھر سکون۔
آج وہ دوسروں کو خفیہ خفیہ دروازوں کے بارے میں خبردار کرتی ہے۔
صحیفہ: ''مصیبت کے دن مجھے پکارو، میں تمہیں نجات دوں گا۔ ''— زبور 50: 15
دیکھیں: QR → Tailah Scroggins Deliverance | اسکین یوٹیوب لنک
Dominion Takeaway: پوشیدہ عہد اس وقت ختم ہوتے ہیں جب یسوع ہر پیار پر رب بن جاتا ہے۔

3. پیٹر ہاکلی - جادو اور آسٹرل پروجیکشن سے فرار (برطانیہ)

جوانی سے ہی چڑیل کی مشق کرنے والا، پیٹر نے خلائی سفر میں مہارت حاصل کی۔ ایک پروجیکشن کے دوران اسے آگ کی ایک چمکتی ہوئی دیوار کا سامنا کرنا پڑا - اور ایک آواز کہ رہی تھی، "تم اس لائن کو پار نہیں کرو گے۔ "بعد میں اس نے ان مومنین سے ملاقات کی جنہوں نے دعا کی یہاں تک کہ وہ مسیح کے سامنے ہتھیار ڈال دے۔
صحیفہ: ''ہمارا خدا بھسم کرنے والی آگ ہے۔ ''— عبرانیوں 12:29
دیکھیں: QR → Peter Hockley Testimony | اسکین یوٹیوب لنک
Dominion Takeaway: خدا کی آگ کو پار نہیں کوئی astral power کر سکتی۔

ایمان کروری - سمندری طاقتوں سے نجات)کینیا(.4

ساحل کے قریب پرورش پانے والے، ایمان نے سمندری محلات کے بار بار آنے والے خوابوں کا تجربہ کیا۔ ایک دعائیہ مجلس کے دوران، وہ چیخ پڑی جب نادیدہ زنجیریں ٹوٹ گئیں۔ اس نے بعد میں پانی کے نکلنے کا سن کر بیان کیا۔

صحیفہ: "اس نے سمندر کو ڈانٹا اور اسے خشک کر دیا۔ "— نحوم 1: 4

دیکھیں: یوٹیوب لنک | Faith Karuri Testimony

Dominion Takeaway: طوفانوں کو پرسکون کرنے والی آواز سمندری عہدوں کو بھی خاموش کر دیتی ہے۔

میں نے شیطان کی عبادت کی پھر یسوع سے جیل" .5 میں ملاقات ہوئی "- گمنام (USA)

شیطان کے لیے وقف ایک گینگ لیڈر کو قید تنہائی میں ختم کر دیا گیا۔ اندھیرے میں، اس نے سفید رنگ میں ایک شکل دیکھی اور سنا، "میں تمہارے لیے مر گیا ہوں۔ "وہ گھنٹوں روتا رہا۔ آج وہ ایک جیل آؤٹ ریچ چلاتا ہے۔

"**صحیفہ:** "اگرچہ میں اپنا بستر جہنم میں بناتا ہوں، دیکھو، تم وہاں ہو۔ زبور 139: 8 —

دیکھیں: یوٹیوب لنک | جیل سے نجات کی گواہی

ڈومینین ٹیک وے :گریس سب سے کم ٹھکانے تک پہنچ سکتا ہے۔

سابقہ فری میسن - خفیہ عہد اور حلف کو توڑنا .6

لاج کا ایک سینئر ممبر برسوں کی رسم حلف کے بعد سکون کھونے لگا۔ میتھیو 5: 34 کو پڑھتے ہوئے - "ہرگز قسم نہ کھائیں" - اس نے ہر قسم کی قسم کو اونچی آواز میں ترک کیا اور اپنے سینے سے کچھ اٹھتا ہوا محسوس کیا۔ اب وہ دوسروں کو مسیح میں عہد کے ساتھ حلف کی جگہ لینے کی تعلیم دیتا ہے۔

صحیفہ: ’’تم دو آقاؤں کی خدمت نہیں کر سکتے۔ ‘‘— میتھیو 6 : 24

دیکھیں :یوٹیوب پر تلاش کریں ← سابقہ فری میسن ٹیسٹیمنی ڈیلیورینس
(1 M + ملاحظات) | اسکین QR ← Freemason Deliverance
ہر خفیہ عہد یسوع کے نام پر جھکتا ہے۔ **:Dominion Takeaway**

اما بوٹینگ - روح کی شریک حیات)گھانا (سے .7 نجات یافتہ نوجوان

پندرہ سال کی عمر میں، اما کو ڈراؤنے خواب اور پوشیدہ حملوں کا سامنا کرنا پڑا۔ جوانی کی اعتکاف کے دوران، جیسے ہی عبادت بڑھی، وہ گر پڑی، چیختے ہوئے، "مجھے چھوڑ دو "!چند منٹ بعد وہ آزاد تھی۔
صحیفہ: ''جسے بیٹا آزاد کرتا ہے وہ واقعی آزاد ہے۔ ''— جان 8 : 36
دیکھیں: YouTube تلاش کریں ← Teen Delivered from Spirit Spouse Ghana (1 M + views) | اسکین QR ← Ama Boateng Deliverance
پاکیزگی اس وقت شروع ہوتی ہے جب خدا کی **:Dominion Takeaway** موجودگی میں پوشیدہ زنجیریں ٹوٹ جاتی ہیں۔

،یہ آوازیں گواہ ہیں - اس بات کا ثبوت کہ ایمانوئل اینی کی نجات ایک وسیع جاری کہانی کا حصہ ہے: اندھیرے پر یسوع مسیح کی عالمی فتح۔

اپنی گواہی کو کیسے مشغول یا بانٹیں۔

اپنے دوستوں کے گھر جاؤ اور انہیں بتاؤ کہ رب نے تمہارے لیے کتنا" کچھ کیا ہے، اور اس نے تم پر کیسا رحم کیا ہے۔" —مرقس 5:19

Emmanuel Amos Eni کی کہانی نے لاکھوں لوگوں کو غیب کی دنیا کی حقیقت اور یسوع مسیح کی بالادستی سے آگاہ کیا ہے۔
،اب آپ کی باری ہے — سچائی پر چلنا، اس کی طاقت کی گواہی دینا اور دوسروں کو آزاد ہونے میں مدد کرنا۔

یہ ہے کہ آپ اگلا قدم کیسے اٹھا سکتے ہیں۔

اپنی گواہی کا اشتراک کریں۔ .1

کیا آپ نے اس کتاب کو پڑھنے کے بعد نجات، شفایابی، یا روحانی بیداری کا تجربہ کیا ہے؟
ہم آپ کی کہانی سننا پسند کریں گے۔

ای میل: ambassador@otakada.org
WhatsApp 2759 778 804 1+)**: براہ راست(**)USA) | +234 803 283 5348 (نائیجیریا(
آن لائن جمع کروائیں: https://www.otakada.org/contact-us-otakada/

آپ کی گواہی دوسروں کو مضبوط کرتی ہے اور دشمن کو خاموش کرتی ہے (مکاشفہ 12:11)۔ بہت سے لوگ صرف آپ کی طرح کی کہانیاں پڑھ کر مسیح کی طرف متاثر ہوئے ہیں۔

2. 40 روزہ عالمی شاگردی کے سفر میں شامل ہوں۔

اگر اس کتاب نے آپ کی روح کو مشتعل کیا ہے، تو ہم آپ کو اگلا قدم اٹھانے کی دعوت دیتے ہیں - تبدیلی کا ایک منظم 40 دن کا سفر جس کا عنوان ہے:

"اندھیرے سے ڈومینین تک :تاریکی کی پوشیدہ گرفت سے آزاد ہونے کے لیے 40 دن."

یہ سفر آپ کی رہنمائی کرے گا:

روزانہ بائبل کی پڑھائی اور عکاسی نجات کی دعائیں اور پیشن گوئی کے اعلانات شفا اور بحالی کے اقدامات افراد، خاندانوں اور قوموں کے لیے عملی ایکشن پوائنٹس

اپنا سفر یہاں شروع کریں:

اندھیرے سے غلبہ تک :اندھیرے کی چھپی ہوئی گرفت سے آزاد ہونے کے لیے 40 دن

-

بیداری، نجات اور طاقت کی عالمی عقیدت - افراد، خاندانوں، اور قوموں کے لیے جو آزاد ہونے کے لیے تیار ہیں

پیپر بیک

https://shop.ingramspark.com/b/084?params=aVgp21QfwJxNANkfMxIQ0yejuFCVY12KFr978SRkZUD

ایمیزون لنک - https://www.amazon.com/DARKNESS-DOMINION-Devotional-Awareness-Deliverance-ebook/dp/B0FLDH2Y67

واچ مین کی عالمی برادری میں شامل ہوں۔ 3.

آپ کو اکیلے چلنے کی ضرورت نہیں ہے۔ دنیا بھر کے مومنین کے ساتھ بڑھنے، دعا کرنے اور خدمت کرنے کے لیے ہماری لیس کمیونٹی میں شامل ہوں۔

شامل ہوں بذریعہ:

- فیس بک - 10 ملین موومنٹ انٹرسیسری کمیونٹی
- واٹس ایپ - جی ای ایم کمیونٹی 1 اور 2
- ٹیلیگرام - ہولی گوسٹ اسکول کی شاگردی

ہر کمیونٹی آپ کو روح القدس کے ساتھ قربت پیدا کرنے، اپنے تحائف دریافت کرنے اور فتح میں چلنے میں مدد کرنے کے لیے ڈیزائن کی گئی ہے۔

مشن کی حمایت کریں۔ .4

آپ کی حمایت اس پیغام کو زندہ رکھنے اور مزید اقوام تک پہنچانے میں ہماری مدد کرتی ہے۔
آپ دعا، دینے، یا دوسروں کے ساتھ اس کتاب کا اشتراک کرنے کے ذریعے ہمارے ساتھ شراکت کر سکتے ہیں۔

شراکت اور دینا:
https://www.otakada.org/partnership

ہر بیج جو آپ بوتے ہیں ہماری مدد کرتا ہے:

- دنیا بھر میں اس کتاب کا ترجمہ اور تقسیم کریں۔
- متعدد زبانوں میں شاگردی کے وسائل تیار کریں۔
- شفا یابی، نجات، اور بحالی کے راستوں کی حمایت کریں۔

جڑے رہیں اور بڑھتے رہیں .5

حقیقی نجات کے مقابلوں سے متاثر تعلیمات، شہادتوں اور فلموں کے لیے ہماری پیروی کریں:

YouTube:

- خدا کی عقاب وزارتوں کا مین چینل
- چینل O. Ogbe سفیر پیر

:کتابیں خریدیں
https://shop.otakada.org

:ویب سائٹ
https://www.otakada.org

ایک آخری کلام

ہر گواہی ایمانوئل اپنی کی کہانی کا تسلسل ہے — اندھیرے کو چھیدنے والی روشنی کی ایک زنجیر۔
اگر خدا نے تمہاری آنکھیں کھولنا شروع کر دی ہیں تو یہیں نہ رکیں۔
سچائی کی روح آپ کو مکمل آزادی اور طاقت کی طرف لے جائے۔

اُٹھ، چمک، کیونکہ تیرا نور آ گیا ہے، اور رب کا جلال تجھ پر طلوع'' ہوا ہے۔'' —یسعیاہ 60:1

،شالوم
O. Ogbe (Zacharias Godseagle) سفیر پیر
(GEM) ادارتی ٹیم کے لیے، خدا کی عقاب وزارتیں
ambassador@otakada.org | www.otakada.org

دوبارہ پیدا ہونے اور مسیح کے ساتھ نئی زندگی شروع کرنے کا طریقہ

ہو سکتا ہے کہ آپ پہلے بھی یسوع کے ساتھ چل چکے ہوں، یا ہو سکتا ہے کہ آپ ان 40 دنوں میں اس سے ملے ہوں۔ لیکن ابھی، آپ کے اندر کچھ ہلچل مچا رہا ہے۔

آپ مذہب سے زیادہ کے لیے تیار ہیں۔ آپ
رشتے کے لیے تیار ہیں ۔
"آپ یہ کہنے کے لیے تیار ہیں، "یسوع، مجھے آپ کی ضرورت ہے۔

یہاں حقیقت ہے:

کیونکہ ہر ایک نے گناہ کیا ہے؛ ہم سب خُدا کے شاندار معیار سے کم" ہیں ...پھر بھی خُدا، اپنے فضل سے، آزادانہ طور پر ہمیں اپنی نظر میں "درست کرتا ہے۔
— 24-3:23 رومیوں (NLT)

آپ نجات حاصل نہیں کر سکتے۔
آپ خود کو ٹھیک نہیں کر سکتے۔ لیکن یسوع نے پہلے ہی پوری قیمت ادا کر دی ہے — اور وہ آپ کو گھر میں خوش آمدید کہنے کا انتظار کر رہا ہے۔

دوبارہ پیدا ہونے کا طریقہ

— نئے سرے سے پیدا ہونے کا مطلب ہے اپنی زندگی کو یسوع کے حوالے کرنا اس کی معافی کو قبول کرنا، یہ ماننا کہ وہ مر گیا اور دوبارہ جی اٹھا، اور اسے اپنے رب اور نجات دہندہ کے طور پر قبول کرنا۔

یہ آسان ہے۔ یہ طاقتور ہے۔ یہ سب کچھ بدل دیتا ہے۔

یہ دعا بلند آواز سے کریں:

"خداوند یسوع، مجھے یقین ہے کہ آپ خدا کے بیٹے ہیں۔ میں یقین کرتا ہوں کہ آپ میرے گناہوں کے لیے مرے اور دوبارہ جی اٹھے۔ میں اعتراف کرتا ہوں کہ میں نے گناہ کیا ہے اور مجھے آپ کی معافی کی ضرورت ہے۔ آج، میں توبہ کرتا ہوں اور اپنے پرانے طریقوں سے رجوع کرتا ہوں، میں آپ کو اپنی زندگی میں اپنے رب اور نجات دہندہ کے لیے مدعو کرتا ہوں۔ آپ کی پیروی کروں گا اور میں آپ کے نقش قدم پر رہوں گا۔ یسوع کے نام پر مجھے بچانے کے لیے آپ کا شکریہ۔

نجات کے بعد اگلے اقدامات

1. **کسی کو بتائیں** - اپنے فیصلے کو اس مومن کے ساتھ شیئر کریں جس پر آپ بھروسہ کریں۔
2. **بائبل پر مبنی چرچ تلاش کریں** - ایک ایسی کمیونٹی میں شامل ہوں جو خدا کے کلام کی تعلیم دیتی ہے اور اسے زندہ کرتی ہے۔ https://www.otakada.org یا https://chat.whatsapp.com/H67spSun32DDTma8TLh0ov کے ذریعے خدا کی عقاب وزارتوں کو آن لائن دیکھیں
3. **بپتسمہ لیں** - اپنے عقیدے کا اعلان کرنے کے لیے عوامی طور پر اگلا قدم اٹھائیں۔
4. **روزانہ بائبل پڑھیں** – جان کی انجیل سے شروع کریں۔
5. **ہر روز دعا کریں** – خدا سے ایک دوست اور باپ کے طور پر بات کریں۔
6. **جڑے رہیں** - اپنے آپ کو ایسے لوگوں سے گھیر لیں جو آپ کی نئی واک کی حوصلہ افزائی کرتے ہیں۔
7. **کمیونٹی کے اندر شاگردی کا عمل شروع کریں** - ان لنکس کے ذریعے یسوع مسیح کے ساتھ ایک دوسرے کے ساتھ رشتہ استوار کریں۔

40 1 دن کی شاگردی - https://www.otakada.org/get-free-40-days-online-discipleship-course-in-a-journey-with-jesus/

40 2 شاگردی - https://www.otakada.org/get-free-40-days-dna-of-discipleship-journey-with-jesus-series-2/

میرا نجات کا لمحہ

تاریخ : ____________________

دستخط : ________________

اگر کوئی مسیح میں ہے تو وہ ایک نئی تخلیق ہے؛ پرانا ختم ہو گیا، نیا آ”
“!گیا ہے
کرنتھیوں 5:17 2—

مسیح میں نئی زندگی کا سرٹیفکیٹ

نجات کا اعلان – فضل سے دوبارہ پیدا ہوا۔

یہ اس بات کی تصدیق کرتا ہے۔

____

(پورا نام)

یسوع مسیح پر ایمان کا رب اور نجات دہندہ کے طور پر
اعلان کیا ہے اور اس کی موت اور قیامت کے ذریعے نجات کا مفت تحفہ
حاصل کیا ہے۔

اگر آپ کھلے عام اعلان کرتے ہیں کہ یسوع خداوند ہے اور اپنے دل میں"
یقین رکھتے ہیں کہ خدا نے اسے مردوں میں سے زندہ کیا تو آپ بچ جائیں
"گے۔
رومیوں 10:9)این ایل ٹی(—

اس دن جنت خوشیاں مناتی ہے اور ایک نیا سفر شروع ہوتا ہے۔

فیصلے کی تاریخ : ______________________

دستخط : ______________________________

نجات کا اعلان

آج، میں اپنی زندگی یسوع مسیح کے حوالے کرتا ہوں۔"
مجھے یقین ہے کہ وہ میرے گناہوں کے لیے مر گیا اور دوبارہ جی اُٹھا۔ میں

اسے اپنے رب اور نجات دہندہ کے طور پر قبول کرتا ہوں۔ مجھے معاف کیا گیا، دوبارہ پیدا ہوا، اور نیا بنایا گیا۔ اس لمحے سے آگے، میں اس کے نقش "قدم پر چلوں گا۔

!خدا کے خاندان میں خوش آمدید

آپ کا نام میمنے کی زندگی کی کتاب میں لکھا گیا ہے۔
آپ کی کہانی ابھی شروع ہوئی ہے - اور یہ ابدی ہے۔

خدا کی عقاب وزارتوں کے ساتھ جڑیں۔

- ویب سائٹ: www.otakada.org
- فکر سے پرے دولت کی سیریز: www.wealthbeyondworryseries.com
- ای میل: ambassador@otakada.org

- **اس کام کی حمایت کریں:**

عہد کی قیادت میں دینے کے ذریعے بادشاہی منصوبوں، مشنوں اور مفت عالمی وسائل کی حمایت کریں۔

کوڈ اسکین کریں - QR دینے کے لیے https://tithe.ly/give?c=308311

آپ کی سخاوت ہمیں مزید روحوں تک پہنچنے، وسائل کا ترجمہ کرنے، مشنریوں کی مدد کرنے، اور عالمی سطح پر شاگردی کے نظام کی تعمیر میں مدد کرتی ہے۔ شکریہ!

Give in the Spirit of Luke 6:38

3. ہماری WhatsApp Covenant کمیونٹی میں شامل ہوں۔

اپ ڈیٹس، عقیدتی مواد حاصل کریں، اور دنیا بھر میں عہد کے حامل مومنین کے ساتھ جڑیں۔

شامل ہونے کے لیے اسکین کریں

https://chat.whatsapp.com/H67spSun32DDTma8TLh0ov

تجویز کردہ کتابیں اور وسائل

نجات کیوں ناکام ہوتی ہے - اور خدا کی آگ روح کو کیسے بحال کرتی ہے :ہمہ گیر نجات کے لیے 40 روزانہ اعلانات

- اس لنک کے ذریعے پیپر بیک آرڈر کریں
https://shop.ingramspark.com/b/084?params=hRHuHyigdcnVpGc9hy9gNCOQLuCHt8ReHNPx1l1xWbZ

- ای بک https://www.amazon.com/Why-Deliverance-Fails-Declarations-All-Round-ebook/dp/B0FW74L4G4

- کیو آر کوڈ

محفوظ کیا گیا لیکن کھویا گیا – دی غیر شاگردی تبدیل – 25 زبانوں میں ترجمہ کیا گیا۔

پیپر بیک

https://shop.ingramspark.com/b/084?params=iYNB6S3PLMfREpm0jMM15bMe3BvWlkjcYyLYnHVGAds

ای بک - https://www.amazon.com/SAVED-BUT-LOST-UNDISCIPLED-heartbreak-ebook/dp/B0FVJ29DF7

روحانی جنگ اور بحالی کے 7 دن - یہ حصہ 1 ہے

دشمن کو باندھنا، تیروں کو سات گنا لوٹانا، اور اپنی تقدیر کو بحال کرنا

https://shop.ingramspark.com/b/084?params=8mPzqUl73Ex7uPyeO7ydyt8EGkkB6u2gX1jZvWU8j1C

ای بک لنک - https://www.amazon.com/DAYS-SPIRITUAL-WARFARE-RECOVERY-Returning-ebook/dp/B0FMPJM5KZ

روحانی جنگ اور بحالی کے 7 دن - حصہ 2 - فتح پر مہر لگانا، گھریلو برائیوں کو توڑنا، اور اپنی بحال شدہ تقدیر کو محفوظ رکھنا

پیپر بیک -
https://shop.ingramspark.com/b/084?params=LkpNmGSsApHhWhiSO7bW3wFmcXQKIO4ZEBeSbP5rL1S

ای بک - https://www.amazon.com/DAYS-SPIRITUAL-WARFARE-RECOVERY-Wickedness-ebook/dp/B0FR9YCMY8

اندھیرے سے غلبہ تک :اندھیرے کی چھپی ہوئی گرفت سے آزاد ہونے کے لیے 40 دن

-

بیداری، نجات اور طاقت کی عالمی عقیدت - افراد، خاندانوں، اور قوموں کے لیے جو آزاد ہونے کے لیے تیار ہیں

پیپر بیک

https://shop.ingramspark.com/b/084?params=aVgp21QfwJxNANkfMxIQ0yejuFCVY12KFr978SRkZUD

ایمیزون لنک - https://www.amazon.com/DARKNESS-DOMINION-Devotional-Awareness-Deliverance-ebook/dp/B0FLDH2Y67

- | اندھیرے کی طاقت سے نجات)پیپر بیک (- یہاں خریدیں
ایمیزون پر ای بک

○ ریاستہائے متحدہ سے سرفہرست جائزے:

- **کنڈل کسٹمر** " :اب تک کا بہترین عیسائی پڑھا گیا) "!5 ستارے(

اس گواہی کے لیے یسوع کی تعریف کریں۔ مجھے بہت برکت ملی ہے اور میں ہر ایک کو اس کتاب کو پڑھنے کی سفارش کروں گا ...کیونکہ گناہ کی اجرت موت ہے لیکن خدا کا تحفہ ابدی زندگی ہے۔ السلام علیکم !السلام !علیکم

- یہ ایک بہت ہی دلچسپ اور" : **Da Gster** بلکہ عجیب کتاب ہے۔) "5 ستارے(

اگر کتاب میں جو کہا گیا ہے وہ سچ ہے تو ہم واقعی اس سے بہت پیچھے ہیں جو دشمن کرنے کی صلاحیت رکھتا ہے ... !روحانی جنگ کے بارے میں سیکھنے کے خواہشمند ہر فرد کے لیے ضروری ہے۔

- **ویزا** " :اس کتاب سے پیار کریں) "5 ستارے(

یہ آنکھ کھولنے والا ہے ...ایک سچا اعتراف ...حال ہی میں اسے خریدنے کے لیے ہر جگہ تلاش کر رہا ہوں۔ اسے ایمیزون سے حاصل کرکے بہت خوشی ہوئی۔

- کافی مختلف) "4 ستارے(" : **FrankJM**

یہ کتاب مجھے یاد دلاتی ہے کہ حقیقی روحانی جنگ کتنی ہے۔ یہ "خدا کا مکمل ہتھیار "پہننے کی وجہ بھی ذہن میں لاتا ہے۔

- **جین جین** " :ہر کوئی جو جنت میں جانا چاہتا ہے۔ اسے پڑھیں) "!5 ستارے(

،اس کتاب نے میری زندگی کو بہت بدل دیا۔ جان رامیرز کی گواہی کے ساتھ یہ آپ کو اپنے ایمان کو مختلف انداز میں دیکھنے پر مجبور کرے گا۔ میں !نے اسے 6 بار پڑھا ہے

- |_سابق شیطانی :جیمز ایکسچینج)پیپر بیک (- یہاں خریدیں ایمیزون پر ای بک

- **ایک افریقی سابق شیطان کی گواہی** - پادری جوناس لوکنٹو ایمپالا)پیپر بیک (- یہاں خریدیں | ایمیزون پر ای بک

- _گریٹر ایکسپلائٹس 14)پیپر بیک (- یہاں خریدیں | ایمیزون پر ای بک

- ۔جان رامیرز کی طرف سے شیطان کے کولڈرن سے باہر — ایمیزون پر دستیاب ہے۔
- ۔ربیکا براؤن کے ذریعہ قیدیوں کو آزاد کرنے آیا تھا - ایمیزون پر تلاش کریں۔

مصنف کی طرف سے شائع کردہ دیگر کتابیں - 1000 سے زیادہ عنوانات

پیار، چنا اور مکمل :مسترد ہونے سے بحالی تک 30 دن کا سفر دنیا کی 40 زبانوں میں ترجمہ کیا گیا

https://www.amazon.com/Loved-Chosen-Whole-Rejection-Restoration-ebook/dp/B0F9VSD8WL

https://shop.ingramspark.com/b/084?params=xga0WR16muFUwCoeMUBHQ6HwYjddLGpugQHb3DVa5hE

Loved, Chosen
and Whole
A 30-Day Journey
from Rejection to
Restoration
Zacharias Godseagle; Ambassador
Monday O. Ogbe; Comfort Ladi Ogbe

:چیلنج WWJD ان کے قدموں میں — ایک 40 دن کا

دنیا بھر میں حقیقی زندگی کی کہانیوں میں یسوع کی طرح زندگی گزارنا

https://www.amazon.com/His-Steps-Challenge-Real-Life-Stories-ebook/dp/B0FCYTL5MG

https://shop.ingramspark.com/b/084?params=DuNTWS59IbkvSKtGFbCbEFdv3Zg0FaITUEvlK49yLzB

:یسوع دروازے پر

دل دہلا دینے والی کہانیاں اور آج کے گرجا گھروں کو جنت کی آخری 40 وارننگ

https://www.amazon.com/dp/B0FDX31L9F

https://shop.ingramspark.com/b/084?params=TpdA5j8WP
vw83glJ12N1B3nf8LQte2a1lIEy32bHcGg

JESUS AT THE DOOR
40
HEARTBREAKING
STORIES AND
HEAVEN'S FINAL
WARNING TO
TODAY'S
CHURCHES
ZACHARIAS GODSEAGLE,
COMFORT LADI OGBE,
AMBASSADOR MONDAY O. OGBE

عہد کی زندگی :استثنا 28 کی برکت میں چلنے کے 40 دن

- https://www.amazon.com/dp/B0FFJCLDB5

حقیقی لوگوں، حقیقی فرمانبرداری اور حقیقی کی کہانیاں

https://shop.ingramspark.com/b/084?params=bH3pzfz1zdCOLpbs7tZYJNYgGcYfU32VMz3J3a4e2Qt

سے زیادہ زبانوں میں تبدیلی 20

اسے جاننا اور اسے جاننا:

شفا یابی، تفہیم، اور دیرپا محبت کے 40 دن

https://www.amazon.com/KNOWING-HER-HIM-Healing-Understanding-ebook/dp/B0FGC4V3D9

https://shop.ingramspark.com/b/084?params=vC6KCLol7Nnum24BVmBtSme9i6k59p3oynaZOY4B9Rd

:مکمل، مقابلہ نہیں

مقصد، اتحاد اور تعاون کا 40 دن کا سفر

https://shop.ingramspark.com/b/084?params=5E4v1tHgeTqOOuEtfTYUzZDzLyXLee30cqYo0Ov9941

https://www.amazon.com/COMPLETE-NOT-COMPETE-Journey-Collaboration-ebook/dp/B0FGGL1XSQ/

الہی صحت کا کوڈ - خدا کے کلام اور تخلیق کے ذریعے شفا یابی کو فعال کرنے کے لیے روزانہ کی 40 کلیدیں پودوں، دعا اور نبوی عمل کی شفا بخش طاقت کو کھولتی ہیں۔

https://shop.ingramspark.com/b/084?params=xkZMrYcEHnrJDhe1wuHHYixZDViiArCeJ6PbNMTbTux

https://www.amazon.com/dp/B0FHJT42TK

دیگر کتابیں مصنف کے صفحے پر مل سکتی ہیں

https://www.amazon.com/stores/Ambassador-Monday-O.-Ogbe/author/B07MSBPFNX

www.ingramcontent.com/pod-product-compliance
Lightning Source LLC
LaVergne TN
LVHW040440051026
849517LV00002B/698
* 9 7 9 8 2 9 5 6 4 0 6 0 5 *